아주 심기

조인혜 수필집

작가의 말

생의 가을 어디쯤을 가고 있는 나는, 설악의 깊은 골짜기를 향하고 있다. 가을을 업은 바람은 더없이 상큼하다. 따숩게 불던 오뉴월의 봄바람, 뜨겁던 칠월의 햇살, 억수같이 퍼붓던 팔월의 장맛비가 가을을 맞는 잎에 세월의 흔적처럼 묻어난다.

마른 잎 하나 발길에 떨어진다. 숭숭 벌레 먹은 잎맥에서 고스란히 드러나는 나무의 삶이 보인다. 어둠을 이기고 빛을 향해 발돋움한 자국들이다. 불어난 계곡물에 휩쓸려 뿌리가 드러나고, 번개에 얻어맞아 거대한 몸채가 꼬꾸라졌을망정 밝은 곳을 향해 바람결 가까이 가지를 뻗어 잎을 돋우며 삶을 잇고 있다.

가을 하늘의 싱싱한 호흡을 함께 하는 벗이 옆에 있다. 물집 생긴 내 발을 위해 선뜻 자신의 신발과 내 신발을 바꿔 신는다. 초라하다 여기는 내 곁이 늘 특별하고 소중한 이유다.

여윈 가지 끝에 한 뼘 남은 햇살이 힘겹게 매달릴 때, 오세암에 닿았다. 봄꽃이 무너져 대지를 뒤덮는 꿈을 꾸며 아늑한 밤을 보냈다. 나는 내가 어쩌지 못하는 사이에 글을 엮어내고 있다. 기울어지는 내 어깻죽지를 춰올리는 일이 결국 글쓰기였음을 알았다. 특별하지도 훌륭하지도 않다. 대수롭지 않은 일상의 궤적들이다. 소소한 기억의 편린들을 주워 담는 시간이 고통이자 기쁨이었다. 글밭에 옮겨 심은 나의 첫 아주심기다.

허물어지는 나를 묶어, 일으켜 세우는 가족들은 내 삶의 **뼈**대다. 그들의 삶에서 살을 붙이고 피돌기를 한다. 언제나 단단한 힘이 된다.

평생 손을 내밀면 흔쾌히 잡아줄 글 벗이 있어 좋다. 아낌없이 글의 숨을 틔워 꺼지는 명을 이어준다.

허망함, 탐욕, 작은 것의 소중함, 부질없음의 반성과 염치없음의 낯간지러움을 알게 한 글 스승들께 머리 숙여 감사를 드린다.

산사의 가을, 새벽빛이 장엄하게 일어선다. 문득 하찮고 흠집 난 글이 부끄럽다. 하지만 어쩌겠는가.

내 글처럼 그렇게 살아왔을 뿐이므로….

그럼에도 나는 내 일상들을 사랑하고 또 사랑한다.

> 2023년 가을, 오세암에 뜬 새벽달을 보며
> 조인혜

차례

작가의 말   004

1부_소리 풍경

헛	013
죽추竹秋	018
치이로	023
아주심기	028
304-2996	033
소리 풍경	038
빨랫줄과 수평계	043
하얀 거짓말	048
식리飾履	053
춘추벚꽃	058

2부 _ 오월, 작약 꽃잎 떨어지다

드무	067
파란 손수건	073
진우도	078
오월, 작약 꽃잎 떨어지다	083
콩잎 김치	089
피임약 많이 사 줄게	094
대구탕과 돈가스	099
오동나무 다탁茶卓	104
풍선덩굴	109
무재칠시無財七施	113

3부_가방이 걷는다

봇도감	121
1층 예찬	126
가방이 걷는다	131
그 골목	136
#같은 그녀	141
모젓	147
산해정	152
접接	157
젖꼭지를 누를까요?	162

4부_여기가 끝이라면

의술은 인술이다	169
꼬시레	174
챗GPT	180
나타샤는 지금 어디쯤 날아가고 있을까	185
누름돌	190
담	195
감성백신	200
내 사랑 리톱스	205
여기가 끝이라면	210

작품 해설_박양근(문학평론가, 부경대 명예 교수)
심(心)과 문(文)으로 짠 서사력(敍事曆)   215

꽃양귀비

낡고 허름하더라도 의미를 두면 소중한 물건이 된다. 쉽게 쓰고 버릴 것은 가볍게 흩어지지만, 이야기와 시간이 담기면 묵직하게 다가와 오래 머문다.

1부_소리 풍경

헛

죽추竹秋

치이로

아주심기

304-2996

소리 풍경

빨랫줄과 수평계

하얀 거짓말

식리飾履

춘추벚꽃

헛

 언어는 관계 속에서 해석된다. 단어 하나로 사람의 하루를 기분 좋게 할 수도 있고 나락 끝으로 내몰기도 한다. 눈동자 바로 앞에 뾰족한 무언가 세워져 있는 것처럼 온몸에 신경의 날을 세우기도 한다. 때로는 늘어난 고무줄처럼 느슨한 기분이 들기도 한다. 언어가 마술을 부리는 것처럼 모양이 변하고 온도가 바뀐다. 심지어 권력이 생기고 위계가 정해지기도 한다.
 봄볕처럼 따뜻하고 이불속처럼 편안한 단어들이 있다. '괜찮아', '다 지나갈 거야', '잘될 거야' 등이다. 미로같이 풀리지 않는 문제나 앞이 보이지 않는 상황이 닥칠 때 '괜찮아' 한마디를 들으면 불편했던 감정들이 순식간 녹아든다. 어깨를 토닥거려주는 행동보다 말이 가지는 온기가 때로는 상대의 마음을 따뜻하게 데워준다.
 감정의 변화도 사용하는 언어에 나타난다. 사람들이 쓰는 '우리'라는 단어는 가족으로서, 연인으로서 정체성을 언급할 때 사용한다. 감정의 골이 생기거나 사이가 불편해지면 '우리'는 사라지고 '나'와 '너'로 중심 이동이 이루어진다. 언어의 무게 중심이 관계에 따라 달라지는 것이다.

한 단어가 복잡한 설명을 짊어지기도 한다. 치대기, 세탁하기, 널기, 개비기, 옷장에 넣기 등 다양한 과정을 '빨래'가 대변한다. 여러 과정의 동사는 쏙 빠지고 '빨래'라는 명사 하나에 전 과정이 담긴다. 모든 것을 아우르는 통이 큰 단어인 셈이다.

'이유 없는, 보람 없는'의 뜻을 더하는 접두사 '헛'이라는 글자가 있다. '헛하다'의 어근이다. 반듯하고 튼실한 뜻을 가진 단어도 이 한 글자가 더해지면 볼품없고 빈약하다는 의미로 전락한다. 씨름판의 들배지기 기술처럼 멀쩡한 뜻을 가진 단어를 보기 좋게 엎어치기 해서 힘을 빼놓는 것이다. 헛방, 헛팔매질, 헛깨비, 헛걸음, 헛세월, 헛고생처럼 헛이 붙은 단어를 나열하면 끝이 없다. 하지만 참되지 못한 의미의 '헛'에 당한 단어들이 마냥 속절없이 기죽을 수만 없어 변신을 시도한다. 살기 위해 스스로 색깔을 바꾸는 카멜레온처럼.

'헛'이란 접두어는 생명과 관련되기도 한다. 여자의 임신 여부는 정확한 검사를 통해서 알게 되지만, 헛구역질을 통해서 미리 눈치챈다. 헛구역질은 소중한 생명의 잉태를 주위 사람들에게 알리고, 임산부를 보호받게 하는 신이 내린 신호로 여겨진다. 엄마 배 속의 아기는 밤이고 낮이고 헛발질을 해 자신의 건강한 몸 상태를 전한다. 수없는 헛발질을 통해 아기는 자라고, 헛구역질 하는 엄마와 친숙한 교감까지 이루어낸다. 아무짝에도 소용없는 '헛'이라는 단어가 가장 고귀한 생명을 품고 지켜낸다. 태초의 소통으로 이어지는 몸 말인 헛구역질, 헛발질이 얼마나 숭고한가.

옛날 농가에는 헛간이 있다. 안채에서 조금 떨어지거나, 대문간 가까운 곳에 있다. 한 면은 벽 없이 트인 허름하게 지어진 집이다. 변소가 달려있기도 하고 각종 농기구, 거름, 재 등을 보관하는 용도로 쓰인다. 이곳은 주인도 드나들지만, 용무가 급한 이웃이 볼일을 봐도 된다. 필요한 물건이 있으면 주인의 허락 없이 빌려다 사용해도 무방하다. 헛간은 넉넉한 인심을 채워 놓은 바깥채인 셈이다.

꽃에도 헛꽃이 있다. 자드락길에서 만나는 산수국의 황홀경에 눈길을 빼앗겨 본 사람은 안다. 여러 장의 헛꽃잎이 유혹하는 자태가 얼마나 고혹적인지. 산수국은 헛꽃을 내세워 작디작은 진짜 꽃에 곤충이 찾아 들게 한다. 스스로는 열매조차 맺지 못하지만, 헛꽃이 벌과 나비를 유인하고 그들의 도움을 받아 참꽃이 수정함으로써 열매를 맺게 된다. 누가 헛꽃을 꽃이 아니라 말할 수 있겠는가. 추운 겨울이 와도 자세 하나 흐트러지지 않는다. 말라비틀어진 자태에서 의연한 절개마저 느낀다. 헛꽃이라 헛것이 아니다.

결혼 초에 아이들을 내 손으로 키우기 위해 다니던 직장을 그만두었다. 그 후 십 년 동안 어린이집을 운영하고 그 일마저 놓았다.

바쁜 와중이었지만 이십여 년 봉사활동을 꾸준히 했다. 다시 전문직으로 돌아가려니 십 년 세월은 많은 것을 바꾸어 놓았다. 의료 현장의 변화는 더 급격했다. 386시대의 구닥다리 지식으로 최첨단 시대 현장에 끼어들려니 두려움도 앞섰다. 미립나기로 비비고 들어갈 곳이 없었다. 젊고 유능한 전공자들이 배출되고 취업 현장의 경쟁은 바늘구멍에 낙타가 들어가기보다 어려웠다.

이력서를 썼다. 여러 번 망설이다가 이력서 끝에 봉사활동 기록을 넣었다. 면접관의 관심이 내게 집중되었다. "이렇게 오래 봉사활동을 하다니 선생님은 물어볼 것도 없습니다." 그동안의 헛수고가 '찐' 수고로 바뀌는 순간이었다. 한 줄의 '헛수고' 기록이 면접관에겐 '헛방'이 아니라 '진짜 이력'으로 인정받아 취업을 가능하게 했다고 믿는다. 그렇게 들어간 직장에서 퇴직 나이가 지난 지금까지 근무하고 있다. 세상 어디에도 헛수고는 없다. 헛수고, 그것도 수고다.

봄이면 눈길이 자연스럽게 수국에 꽂힌다. 수형이 근사한 바위수국을 샀다. 은은한 향기를 품고 헛꽃이 달린 연분홍 색감이 매혹적이다. 눈길을 딴 곳으로 돌릴 수 없게 하는 헛꽃이 '헛'이라는 이름을 달아 더욱 애틋하다. 바라보고 있자니 나는 무엇을 위해 헛꽃을 피우고 있을까 싶다. 헛꽃을 수없이 피우다 보면 내 안의 참꽃이 꽃망울을 터트리고 열매를 맺을 수 있겠지.

글 한 편을 쓰기 위해 참글인 양 헛글을 쓰고 고치기를 반복한다. 헛헛한 글이 찐글이 되기를 기대하면서. 나는 오늘도 한 송이 헛꽃을 피웠다. '헛'이라는 다리를 건너 '참 나' '참 글쓰기'에 언제쯤 도착할 수 있을까.

'헛'이라는 글자를 씨간장처럼 귀하고 소중히 다루고 싶다.

죽추竹秋

세상 만물은 본연의 색을 가진다. 땅속에 심은 검정 씨앗은 땅 위로 연초록 애순을 틔운다. 성장의 시기를 보내면서 연초록 싹은 초록 잎이 되고, 진초록 줄기는 억세지고 단단해진다. 짙어진 초록 껍질이 두꺼워져야 비로소 나무가 된다. 나무는 계절에 따라 옷을 바꿔 입으며 생을 살아간다. 사람이든 나무든 옷을 입는다는 것은 삶과 죽음을 표출하는 방식이다.

이브가 신익과를 따 먹은 후부터 몸을 가리기 시작했다. 몸을 가리는 행위는 곧 의복의 시대를 말하며 외적, 내적으로 여러 가지 의미를 지닌다. 사람은 생활과 계절에 맞추어 옷의 종류를 나눈다. 몸을 가리는 단순한 기능이 있는가 하면 혹자는 명품이나 브랜드로 부를 치부하기도 한다. 옷은 자신의 삶을 표현하는 자연스러운 색칠이다. 어떤 옷이라도 내 몸과 상황에 맞는 멋을 추구한다면 그것이 새것이든 헌것이든 문제가 되지 않는다.

숲 체험 프로그램에 참여했다. 해설사의 설명을 듣고 새로운 지식을 얻는 행사가 흥미로웠다. 6월의 햇빛은 나뭇잎 사이로 비집고 들어와 신록을 더욱 짙게 만들었고 숲속은 음영이 선명하게 구분되었다. 하늘에 닿기라도 할 듯 옹골차게 쭉쭉 뻗은 삼나무숲을 돌아 나왔다. 그 모퉁이에서 생각지도 않은 대나무 군락을 만났다.

온천지가 초록빛으로 가득 차오르는데 유독 누렇게 뜬 잎이 눈에 띄었다. 늘 푸른 기상이 성성한 초록의 대명사인 댓잎이 빛바래 가는 모습이라니. 검푸르게 일렁이는 대숲만 봐 오다 삭은 삼베 색으로 변한 잎이 의아하기만 하다. 영락없이 시들어 죽어간다고 여겨진다. 누군가 "대나무가 병이 들었나 봐요." 하고 물었다. 수많은 대밭을 봐 왔는데 눈여겨보지 않아서일까. 해설사의 대답은 너무나 뜻밖의 사실을 알려줬다. 일순간 마른 댓잎이 가슴을 훑으며 바람 소리를 낸다.

씀바귀 냉이꽃이 피고, 모내기, 보리 베기가 끝나면 본격적인 초여름이 시작된다. 이때가 24절기 중의 하나인 소만小滿이다. 만물이 자라서 온 세상에 차오른다는 뜻을 지닌 절기이건만 찢어지게 배고픈 보릿고개 시기였다. 봄에 꽃피고 맺힌 열매가 드러나는 때로, 잎을 키우는 시기이다. 잎의 푸르름이 절정에 다다르고 힘 있게 뻗어나갈 즈음 죽순이 삐죽이 고개를 내민다.

죽순은 원래 불칼 같이 성질이 급한 것인지, 하늘빛이 궁금한 호기심 때문인지 하루가 다르게 쑥쑥 몰아쳐 자란다. 땅심을 얻어

먹고 바람의 응원을 받아서일까 성장의 욕심이 그치지 않는다. 급기야 모태인 싱싱한 대나무의 영양분마저 모조리 빼앗아 먹고, 감당하지 못할 빠른 속도로 자란다. '우후죽순'이란 표현이 그냥 생겨난 말이 아니다. 어린 죽순에 영양분을 다 빼앗긴 대나무의 잎이 가을 낙엽처럼 누렇게 마르고 뜨는 것을 '죽추'라 한다. 초록의 봄볕 아래 누렇게 변한 대나무 잎을 슬픈 '대나무의 가을'이라 일컫는다. 마치 새끼의 성장을 위해 아낌없이 헌신하는 부모의 희생과 같다.

　엄마가 자는 잠에 돌아가셨다. 평소와 다름없이 저녁도 잘 먹고, 노인정 화투판에서 이백사십 원을 땄다고 수다가 길었던 날 밤에 홀로 떠났다. '자는 잠에 데려가 주이소'를 되새김질처럼 읊조리던 기도가 하늘에 닿았나 보다. 엄마의 옷장을 열어보니 함초롬하게 정리해 둔 옷이 엄마의 삶처럼 단순하고 가지런하다. 엄마의 체취를 품고 그 시간을 기억하는 옷을 안고 아무리 울어도 엄마는 없다. 사진첩을 보듯 옷과 함께 딸려 오는 기억이 생생해질수록 죄스럽고 후회스럽다. 세월이 지나도 살아남은 빛바랜 헌 옷만 나와 함께 그렁그렁 눈물에 젖는다.

　평생 새 옷을 모르고 살았던 엄마다. 칠 남매를 먹이고 입히고 공부시키느라 죽추처럼 시들어갔다. 하룻밤 사이에도 훌쩍 자라는 죽순에게 자양분을 아낌없이 줘버린 대나무 같은 엄마의 삶이었다. 누렇게 바래어가는 모습에 생기를 넣고 빛을 주는 새 옷한 벌 입혀드린 적 없는 낯부끄러운 죽순이 나였다. 여유가 있는 언니는 브랜드 옷을 종종 사줬다. 쳐다만 봐도 부티가 나고 화려한 옷이건만, 입기가 어색했을까. 아니면 두고두고 아끼고 싶었을까. 가격표도 떼지 않은 옷이 가지런히 옷장에 걸려 있었다.

엄마 생전의 일이다. 가욋돈이 많이 지출되는 어버이날이 다가오면, 엄마의 선물을 고르기 위해 빈티지 가게를 찾았다. 어쩌다 새뜻한 옷이 눈에 띄면 헌 옷을 사는 부끄러운 죄책감이 사라졌다. 엄마에게 안성맞춤인 옷을 찾아내면 남이 먼저 채 갈까 봐 재빨리 계산하고 가방에 넣었다. 당신은 막내인 내가 사다 주는 옷이 어떤 옷보다 편하고 마음에 든다며 즐겨 입었다. 헌 옷인 줄 알지만, 흔쾌히 입어주었던 것은 딸내미의 형편을 헤아려 주는 엄마의 배려가 아니었을까. 그 후 빈티지 시장을 주저하지 않고 들어가 옷을 고르는 일이 잦아졌다.

사람은 떠난 자리가 간결해야 한다며 엄마는 입버릇처럼 말했다. 돌아가시기 몇 해 전부터 몇 안 되는 옷마저 하나둘 없앴다. 서랍장 두 칸에 엄마 삶을 지켜 준 옷이 전부 담겨 있었다. 새 옷은 하나도 없다. 주로 막내딸이 사다 준 옷을 입고 또 입어 더 헌 옷이 된 것들이다. 우중충하고 빛바래고 낡은 옷뿐이지만 그런 옷이 무엇보다 소중하게 개어져 있었다. 유품으로 물욕의 덧없음을 가르치고 가신 것일까.

계절의 색감을 담은 옷, 엄마가 유독 좋아한 꽃무늬 옷, 혹여

꿈길에 아버지가 보면 좋아하실 옷, 헌 옷이기에 더욱 사연과 추억을 담은 옷이다. 이제는 엄마가 남겨 놓은 바랜 옷마저 정리해야 한다. 쉽게 쓰고 버릴 것들을 보는 기분은 가볍고 금세 흩어지지만, 이야기와 시간이 담긴 물건은 묵직하게 다가와 오래 머문다.

낡고 허름한 옷이라도 의미를 두면 소중한 물건이 된다. 골동품이 오래될수록 가치가 있듯이 빈티지 옷도 입는 사람의 마음에 따라 값어치가 달라진다. 그 가치는 시간이 지나면 다시 누군가에게 다른 이야기로 다가간다. 각자의 해석에 따라 주인의 애정을 담았던 옷은 빈티 나는 것이 아니라 매력적인 색을 발한다. 버려지는 것이 아니라 소중한 사람에게 이어지는 또 다른 옷의 여행일지도 모르겠다.

친구 SNS에 눈에 익은 사진 한 장이 들어왔다. 지팡이를 짚은 사람, 담배를 물고 있는 사람, 옆 사람을 쳐다보고 있는 사람. 또래 노인들을 찍은 자연스러운 사진이다. '어그부츠 신은 할머니 멋지다.', '촌 할머니 의상이 도시뻘이다.', '모자도 잘 어울리는 할머니네.' 등의 여러 댓글이 달려있다. 주인공은 엄마였다. 우리 칠 남매의 모죽母竹인 엄마가 밝게 웃고 서 있다. 아슴아슴하게 바라보니 겹겹이 시야가 흐려진다. 밝고 맑았던 우리 엄마는 어떤 색깔로 이 세상을 살다가 무슨 색으로 떠났을까.

제 몸속에 바람을 채우며 한결 푸르른 대숲이 일렁인다.

치이로

한밤중이었다. 부산스러움에 잠에서 깼다. 사랑방에서 백열등 소켓을 연결한 전깃줄이 뱀처럼 외양간으로 늘어뜨려져 있다. 여자는 누구도 얼씬거리지 말라는 아버지의 호령에, 사랑방과 외양간은 철책으로 갈라진 남과 북이 되어 버렸다. 열 살의 어린 나이였지만, 외양간에서 무슨 일이 일어나는지 금방 알아차렸다. 우리 집 소가 새끼를 낳고 있다.

외양간과 사랑방 사이에는 작고 앙증맞은 봉창 문이 있다. 심심할 때면 그 문을 열고 누렁이에게 장난을 쳤다. 훤한 불빛이 비치는 방안이 궁금한지, 누렁이는 여물을 씹다가도 방안까지 고개를 내밀고 안을 살필 때도 있다. 반들거리는 소의 콧잔등에 꿀밤을 먹이기도 하고, 종이를 말아서 귀를 간지럽히며 장난을 걸었다. 되새김질하고 있는 소의 혓바닥을 만질 때는 수세미처럼 거친 느낌이 싫었지만 재미있는 놀이였다.

그날의 봉창 문은 굳게 닫혀 있었다. 간간이 들리는 소의 신음과, "힘 내거라, 어서 힘 내거라"며 다그치는 아버지의 애쓰는 목소리만 들렸다. 외양간 안이 몹시 궁금한 나는 문종이에 침을 발라 구멍을 냈다. 처음에는 할머니도 나를 밀치시고 보지 말라고 말렸다. 하지만 어느새 할머니와 나는, 작은 문구멍으로 머리를 들이밀며 모이통에 조아린 병아리들처럼 자리다툼으로 야단이었다. 할머니는 아버지에게 들키면 무안할 것을 예감했는지 결국은 나에게 그 귀한 앞자리를 내주었다. 물러앉아서는 외양간 상황을 자꾸 자근거리며 물어보았다.

누렁이가 꼬리를 치켜들고 빙글빙글 돌고 있었다. 간장 종지만큼 큰 눈동자가 빠르게 움직였다. 치켜든 꼬리 아래에는 말라버린 폭포수의 가는 물줄기처럼 희뿌연 것이 매달려 있다. 양수가 터진 모양이다. 여러 번 뺑뺑이를 돌던 소가 갑자기 멈추어 서는가 싶더니 철퍼덕 주저앉아 버렸다. 임시로 달아 놓은 백열등이 이리저리 흔들렸다. 아버지의 손놀림도 갑자기 빨라졌다. 송아지의 하얀 발톱이 보였다. 이내 짙은 갈색의 발이 쑥 나왔다. 아버지는 혼잣말로 "큰일 났네"라며 밖으로 나온 송아지의 발을 도로 밀어 넣었다. 어미 소는 들릴락 말락 하게 '으음~' 소리만 낼 뿐, 눈동자조차 움직이지 않았다. 버둥거리던 네 다리는 이내 축 늘어지고, 마치 죽어가듯이 가쁜 숨만 몰아쉬었다. 마당에서 정화수를 떠 놓고 빌고 있던 엄마의 목소리가 다급해졌다.

"천지신명님, 우리 누렁이 순산하게 해 주이소."

갑자기 아버지의 손이 소의 몸속으로 쑥 들어가 보이지 않았다. 누렁이는 신음조차 내지 못했다. 아버지는 거꾸로 나오려는 송아지를 밀어 넣고 방향을 돌려놓은 것이다. 마지막 안간힘을 써서 어미 소가 새끼를 밀어내는 것 같았다. 아버지는 송아지의 두 다리를 붙잡고 있는 힘껏 당기고 계셨다. 그 광경을 훔쳐보는 나도 문고리를 잡고 얼마나 용을 썼던지 손이 흥건히 젖어 있었다. 깔아 놓은 짚북데기에 송아지가 무사히 나오자, 송아지 다리를 잡은 채 아버지는 뒤로 나자빠졌다. 흰 눈동자만 보이던 어미 소는 그만 기절하고 말았다. 금기시하던 여자를 가릴 때가 아니었다. 어미 소에게 엄마가 한 양동이의 물을 쏟아붓자, 소는 겨우 고개를 들고 정신을 차렸다. 물을 뒤집어 쓴 소보다 아버지의 런닝셔츠가 땀과 오물로 더 젖어 있었다.

난산으로 얻은 송아지가 우리에게 온 날이 1972년 대통령 취임식이 있는 새벽이었다. 청와대에서 키우는 꽃사슴의 새끼도 그날 태어났다. 대통령은 길조라고 흐뭇해하며 꽃사슴 새끼에게 7월 1일을 기념하는 '칠일호'라는 이름을 지어주었다. 우리 집 송아지의 이름도 자연스레 칠일호라 부르기로 했다.

출산의 고통이 심해서인지 어미 소의 젖이 잘 나오지 않았다. 엉덩짝의 뼈가 앙상한 칠일호는 결국 전지분유로 자랐다. 나는 우유병에 분유를 타서 젖을 먹일 때면 구슬처럼 맑은 눈동자를 가까이서 바라보는 것이 참 좋았다. 칠일호는 잘 자랐다. 우유를 빨아 먹는 힘이 점점 세지고 큰 덩치에 밀려서 내가 나동그라지기도 했다. 송아지의 엉덩이가 묏등처럼 살이 차올랐다. 아버지가 나를 토닥이며 칭찬해 주는 일이 잦아졌다. 부엌 아궁이에 불을 지필 때도 칠일호는 강아지처럼 따라와 옆에 쭈그리고 앉았다. 젖을 자주 먹이는 나를 어미 소인 양 따랐다. 밤에는 외양간으로 가야 하는데 마루 위에까지 따라 올라오다 넘어지기도 했다.

송아지는 이름을 용케도 알아들었다. 발음이 어설픈 나는 '치이로'라 불렀다. 멀리서도 이름만 부르면 달려와서는 머리로 치받고 장난을 걸었다. 목줄에다 강아지의 방울을 달아 주었다. 딸랑딸랑 소리를 내며 산이고 들이고 붙어 다녔다. 어미 소보다 나를 따라다니다 보니 주위 사람들도 치이로를 내 동생이라 했다. 보통의 송아지는 두 달 정도 키워서 팔았다. 치이로는 코뚜레를 할 때까지 팔 생각이 없었다. 손수 힘들게 받아 낸 놈이라서인지 아버지도 치이로를 애틋하게 여겼나. 양나무로 만든 코뚜레를 하는 날에는 송아지보다 내가 더 많이 울었다. 피를 흘리는 치이로를 부둥켜안으며 아끼던 라면땅 한 봉지를 다 먹였다.

치이로를 팔아야 한다했다. 오빠들 등록금이며, 일 년 농사를 준비할 비료값이며, 목돈이 들어갈 일이 많았다. 내일 장날에 팔려 간다고 했다. 나는 저녁도 먹지 않았다. 배가 고프지도 않았다. 밤새 베갯잇이 젖도록 울었다. 외양간에 잠든 치이로의 목줄에 편지를 달았다. 칠일호라는 이름이 있다는 것과 헤어지기 싫은 내 마음을 담뿍 담아 쓴 편지였다. 이별을 예감했는지 송아지도 새벽같이 일어나서 마당을 서성이며 나를 찾는 듯했다. '어디 가서든지 잘 자라야 한다' 치이로를 안고 우는 내 옆에서 어미 소도 연신 새끼를 핥았다. 식구들도 따라 울음바다가 되었다. 그때, 눈깔사탕보다 큰 치이로의 뽀송뽀송한 눈가 털이 젖어왔다. 자꾸만 따라나서는 나를 혼내고, 아버지는 뒤도 보지 않고 송아지를 끌고 나갔다. 목줄이 당겨서 돌아보지 못하는 치이로가 아버지 손에 이끌려 엉거주춤 가고 있었다. 동구 밖 느티나무가 자꾸만 흐릿하게 보였다.

치이로를 팔러 간 아버지가 미웠다. 장에 간 아버지는 늦도록 오지 않았다. 혹시나 다시 치이로를 데리고 올지 모른다는 희망으로 아버지를 기다렸다. 잠결에 술 냄새가 물씬 풍기는 아버지 목소리를 들은 것 같기도 하다. 아침에 눈을 떴을 때, 갖고 싶었던 24색 색연필이 머리맡에 놓여 있었다. 곧장 외양간으로 달려갔지만, 치이로는 어디에도 없었다. 외양간 흙벽에 그림을 그렸다. 치이로다. 어미 소도 새끼를 알아보듯이 물끄러미 바라보고 있다.

외양간을 허물 때까지 치이로는 그렇게 나와 함께 살았다.

아주심기

일을 시작하려면 계획이 우선이다. 농사일도 계획을 잘 세운다면 한 해 농사가 성공적으로 마무리된다. 농사의 시작은 시기에 맞게 파종하는 것에서 출발한다. 적절한 파종 시기에 맞추어 농작물을 심고, 알맞은 퇴비를 한다. 잘 자란 가지나 잎을 잘라 내는 안타까움을 겪어야 수확량이 많아질 때도 있다. 새싹이 언 땅을 밀어 올려 움트는 봄이면 농부는 밭에 씨앗을 뿌리기 시작한다.

안부 전화라며 언니에게서 전화가 왔다. 어조만으로 금방 뜻을 알아챘다. 몇 해 전, 언니는 시골에 새집을 짓고 이사했다. 텃밭이라기에는 너무 넓고, 전문 농사꾼의 농사라고 보기에는 좁은 밭이 생겼다. 신장 이식을 한 형부와 허리 수술을 한 언니가 감당하기에 버거운 크기였다. 그런 이유로 나는 주말이면 달려가 이 일 저 일 도울 때가 많았다. 밭일이 손에 익은 나에게는 신명 나는 놀이터가 생긴 셈이다. 긴 가뭄 끝에 때맞춰 가을비가 내렸으니 양파를 파종하기에 적절한 시기였다. 언니와 미리 주말 일정을 계획했다.

밭에 양파를 심기로 했다. 많은 작물이 있지만, 손이 덜 가는 양파가 초보 농사꾼에게 안성맞춤이다. 늦가을에 밑거름만 해서 심어 놓으면 까탈스럽지 않게 자라 봄이면 수확한다. 양파는 실처럼 가늘고 여리여리한 비늘줄기로 모질고 긴 겨울 추위를 이겨낸다. 겨울 들판의 초록 수호신같이 하얀 눈까지 뒤집어쓴 자태는 경이롭기까지 하다. 당차게 버티고 서 있는 양파 순을 보고 있자면, 세상 어떤 어려움도 견딜 수 있다는 강한 의지를 배우게 된다. 양파는 날씨가 추워질수록 움츠리거나 위축되지 않고 땅으로 더 깊이 뿌리를 내린다. 그 힘이 가냘픈 겨울 양파에서 나온다니 사뭇 대단하다는 생각까지 든다.

봄에 파종하는 작물이 많지만, 양파나 마늘 같은 인경鱗莖채소는 가을에 파종한다. 다른 작물과는 파종 시기가 반대지만, 채소로서의 가치나 영양분은 부족함이 없다. 기원전부터 양파는 부적으로 쓰였다는 기록이 있고, 고대 이집트에서는 불멸의 의미를 담아 장례식 제물로 이용했다고 한다. 미이라를 만들 때 사용하였다는 흔적도 찾을 수 있다. 로마시대에는 여행할 때 필수품으로 가지고 다녔다 하니 채소의 대접치곤 최고의 자리가 아니겠는가. 요즘은 당당히 밥상의 주인공까지 되고, 음식의 맛을 배가시키는 조연도 톡톡히 해낸다. 즙이나 액기스를 만들어 음료로 먹는 만큼 건강식품의 자리매김도 탄탄하다.

비가 온 뒤의 땅은 촉촉해서 흙을 만지는 손길과 마음도 순순해졌다. 비닐멀칭을 하고 구멍 난 곳에 양파 모종을 심었다. 심어 놓은 땅으로 자꾸만 꼬꾸라지는 여린 순이 사름을 할까 걱정스럽다. 스스로 몸을 곧추세워 땅심을 받기에는 연약하게만 보인다. 문득, 아침에 어깻죽지가 흘부들한 채 집을 나서던 아들의 모습이 떠올랐다.

아들은 크게 속을 썩이지 않고 자랐다. 학교 다닐 때도 성적이 뒤처진 적 없었고, 남자애답지 않게 잔정이 많았다. 딸보다 더 애교를 떨며 수다스러워 핀잔을 줄 때가 많지만, 애미 눈에는 듬직한 맏이의 역할도 해내는 아들이다. 그런 놈이 서른을 눈앞에 두고 제 밥벌이를 못 하고 있다. 뜻한 분야의 공무원 시험에 여러 번 응시했다. 필기시험은 거뜬히 합격하는데 체력 시험이 늘 문제였다. 그것도 세 번이나 같은 일을 겪었다. 조바심이나 걱정은 애써 숨기고 지시하고 격려하는 목소리를 전했지만, 아들도 나도 조금씩 지쳐가고 있다.

모종을 심을 때도 작물마다 잘 자라는 조건이 있다. 양파 모종은 너무 얕게 심으면 뿌리가 땅 위로 올라와 안 되고, 너무 깊게 심으면 계란 모양, 감자 모양의 길쭉한 기형 양파가 된다. 양파는 특별하게 아주심기를 해야 잘 자란다. '아주심기'란 양파가 뿌리를 잘 내릴 수 있도록 파종한 곳에서 다시 한번 다른 곳으로 이식 移植하는 것을 말한다. 더 이상 옮겨 심지 않고 완전하게 심는다는 뜻이다. 그렇게 심은 양파는 빨리 자리를 잡고 잘 자라 더 달고 맛나다고 한다. 활착을 최대한 도우려는 정식 방법이다.

"엄마, 제 삶의 방향을 조금 바꿀까 합니다."

며칠 잠을 설친 듯 충혈된 눈으로 아들이 꺼낸 말이다. 가슴이 쿵 내려앉았다. 지금껏 공을 들인 공부를 포기한다니 불안하기는 했지만, 도전하고자 하는 분야의 의지가 확고해 보여 안심이 되었다. 어쩌면 내가 기다리고 있었는지도 모를 결정이었다. 매번 시험에서 반복되는 실패는 세 번이면 충분하다고 여겼다. 옛말에 '한 우물을 파라'는 속담도 있지만, 우물을 파다가 물이 안 나오면 다른 곳으로 옮겨 파는 지혜도 필요하다.

아들은 스스로 결정하고 행로를 바꾼 목표에 최선을 다하고 있다. 전공자도 한두 번 좌절하고 딴다는 자격증 시험에 용케 합격했다. 짭조름하고 고소한 소식이 눈을 번쩍 뜨게 하였지만, 오랜 공복에 바스락 씹어 먹은 김 한 장의 충만이었다. 한 개의 김은 허기진 나의 배를 채우지 못했다. 어미인 나보다 더 불안한 감정과 방황에서 '옮겨심기'를 한 아들은 더욱 열심히 자신의 부족함을 머드리고 있다. 더 견고해지고 단단한 땅에 뿌리를 내리려는 '아주심기'를 한 것이다.

농작물은 봄에 씨를 뿌리고 가을이면 수확한다. 그런가 하면 양파같이 가을에 심기를 하고 긴 동절기를 지나 결실을 보는 작물도 있다. 옮겨 심은 뿌리가 잘 내려서 알곡의 열매를 맺을 아들의 봄을 꿈꿔 본다. 애미로서 할 일은 다른 선택을 한 아들의 어깨를 토닥토닥 두드려 주는 일이 전부다. 젊어서 하는 경험에는 아무 잘못이 없지 않은가. 멈추지 않고 다시 일어나 좌절하지 않는 아들은 어떤 항구인지 몰라도 꼭 도착할 것이라 믿는다.

아주심기로 옮겨심은 양파는 강하다. 혹한의 추위에도 휘청거릴지언정 여린 싹을 지켜낸다. 성장을 멈춘 듯하나 땅에 뿌리를 내려 단단히 고정하는 일에 집중한다. 속을 텅텅 비워내면서 높이 뻗어 오르려는 의지 하나로 푸르름을 잃지 않는다. 허겁지겁 빈 속을 채우려 했다면 순식간 부러지고 말았을지도 모를 일이다. 참고 기다린 봄 햇살을 만나면 대나무의 올곧은 기세 마냥 숨죽였던 성장을 힘차게 시작한다. 오월이 되면 기죽지 않고 쭉쭉 자라고 있는 양파밭 풍경을 흔히 볼 수 있다. 때가 되면 알뿌리에 영양을 주고 일순간 시들어 버리는 헌신까지 숭고하게 보인다.

아들이 굴하지 않고 양파처럼 꼿꼿이 홀로서기를 했으면 한다. 아들의 아주심기도 풍작이기를 기다린다.

양파 수확이 멀지 않은 오월이 오고 있다.

304-2996

 전화번호의 사망 절차는 간단했다. 전화국 직원이 내미는 해지 양식의 용지에 전화번호, 주소, 이름을 적고 제출했다. 삼십 년을 함께 한 전화번호가 영원히 사라지는 순간이다. 누구 한 사람 안타까워하거나 만류하는 이도 없다. 한 번쯤 '왜 전화를 해지하시려고요?' 되물어 주었다면 망설임 없이 그 번호를 다시 품었으리라. 사무적인 절차를 처리하는 여직원의 익숙하고 무미건조한 행동이 야속했다. 알록달록 보석처럼 장식된 화려한 그녀의 손톱이 지금의 내 기분과는 상관없이 빛나고 있다.
 한때, 나는 어린이집을 운영했다. 아이들 점심시간이 끝나고 낮잠을 재우는 때였다. 조용한 클래식 음악이 흐르고 아이들의 떠들고 울고 웃는 소리마저 음악 소리에 취해 잠드는 시간이다. 초췌한 젊은 여자가 분유 광고에 나올 만큼 토실한 남자아이를 업고 문을 열고 들어왔다. 교사들이 밥을 먹는 시간이라 점심 식사를 권하니 몇 번 거절하다가 수저를 들었다. 백일을 넘기지 않은 아이는 눈망울이 순해 보였다. 주위 눈치를 살피는 그녀의 모습과 무엇에 쫓기는 듯 다급한 표정에는 어두운 그림자가 드리워져 있었다.

아이의 이름은 철이고 사생아였다. 아이 엄마는 중국인 조선족이었다. 사업차 중국에 잠시 머물게 된 한국 남자와 사랑에 빠져 임신하게 되었다. 배가 만삭이 될 즈음, 그 남자는 한국으로 돌아갔다. 초청장을 보내온다는 약속을 지키기는 고사하고 연락조차 뜸해졌다. 출산 예정일은 다가오고 아기 아빠를 찾아야 한다는 절박한 심정으로 위험을 무릅쓰고 한국에 왔다. 낯선 땅에서 홀로 아이를 낳고 수소문하여 그 남자를 찾았지만, 불행히도 그는 사기죄로 수감 중이었다. 게다가 총각으로 알았던 남자는 가정이 있는 사람이었다. 아이에게만이라도 아빠를 찾아주고 싶었지만, 교도소 면회조차 번번이 거절당했다. 벼랑 끝에 서서 몇 번이고 죽음을 생각했지만 초롱초롱한 아이의 눈을 보면서 차마 그러지 못했다고 한다.

나는 그녀를 대신해 난생처음 교도소에 면회를 갔다. 어둡고 적막한 분위기는 문상객 없는 초상집을 연상시켰다. 창살을 사이에 두고 낯선 남자와 마주 앉았다. 보름달처럼 동그랗게 구멍 난 유리 벽면을 통해 어색한 시선이 오고 갔다. 죄수복을 입었음에도 그는 이목구비가 뚜렷하게 잘생긴 얼굴이었다.

찾아온 이유를 설명하며 아이 문제를 꺼냈다. 그는 당황한 듯

손가락을 심하게 만지작거렸다. 원래 있던 가정을 지켜야 하는 자신의 처지를 밝히면서 철이를 위해 아무것도 해 줄 수가 없다고 말한다. 그 이후 나는 한 차례 더 면회를 갔다. 결국에는 '친자를 포기한다'라는 말을 스스럼없이 입에 담았다. 남자는 끝내 아이와 그녀의 안부조차 묻지 않았다. 아이 엄마를 한 번만이라도 만나 달라는 마지막 부탁마저 거절했다. 매정하고 단호한 남자의 태도가 실오라기 같은 희망을 품고 있던 그녀의 마음을 단념시키기에는 차라리 다행이었다. 나는 이런 절망스러운 이야기를 아이 엄마에게 전화로 전해주었다. 되돌릴 수 없는 남자의 마음 때문이었을까. 금방이라도 낙엽처럼 바스락거릴 것 같은 그녀는 점점 강철처럼 강해지기 시작했다.

  나를 만난 첫날부터 철이를 어린이집에 맡겨놓고 돈이 되는 일이라면 밤낮을 가리지 않고 했다. 몸을 가누기도 비좁은 식당의 문간방에 살면서 서너 시간 새우잠을 자며 돈을 벌었다.

  핸드폰이 한창 보급되던 때였는데도 손전화기를 사지 않았다. 아이의 근황을 묻는 방법은 오직 유선 전화가 전부였다. 언제든지 연락해도 된다는 말에 우리 집 전화벨은 한밤중에도 애타게 울려댔다. 지치고 힘든 타국 생활에 아이의 존재는 그녀의 삶을 지탱해주는 힘이었다. 어눌한 말투로 "선생님 감사합니다. 은혜 잊지 않겠습니다." 전화를 끊을 때의 인사는 반복으로 재생되는 녹음기처럼 한결같았다. 어미가 되어 아이가 얼마나 보고 싶고 품에 안고 싶었을까.

아이와 엄마를 연결하는 유일한 끈은 전화뿐이었다. 수화기로 들려주는 아이의 숨소리, 웃음소리, 사소한 것 하나마저도 그녀를 들뜨게 하고 웃게 했다. 그것이 그녀 삶의 존재 이유였다. 물속 깊은 곳에서 산소를 공급받는 줄 하나에 의지해서 작업하는 머구리처럼, 당시 우리 집 전화는 그녀를 숨 쉬게 하는 산소통이었다.

'304-2996' 우리 집 전화번호를 죽어도 잊을 수 없다던 그녀는 아이와 함께 중국으로 돌아갔다. 그때 철이 나이는 6살이었다. 우여곡절을 겪으면서 아이에게 중국인 호적도 만들어 주었다. 해마다 한두 번 국제전화가 걸려 왔다. 아이의 커가는 이야기, 그곳에서 무역 일을 시작해 잘 살고 있다는 소식에 내 일처럼 가슴 벅차게 기뻤다. 핸드폰이 대중화되었지만 두 여자는 여전히 유선 전화로만 연결되어 있었다. 누구도 먼저 핸드폰 번호를 묻지 않았다. 그녀의 암울하고 힘든 삶을 보고 듣고 위로한 유선 전화에 대한 묵인된 의식 같은 예의였다.

십여 년 소식이 이어졌다. 어쩌면 우리 집 전화기는 나보다도 그녀의 목소리를 더 반가워했을지도 모르겠다. 그런 그녀에게서 삼 년째 전화가 오지 않는다. 전화번호를 잊었을까. 철이는 잘 크고 있을까. 좋은 남자를 다시 만났을까. 그녀의 핸드폰 번호를 알아 놓을 걸 후회가 된다. 우리 가족 모두 핸드폰이 있으니 집 전화를 그만 없애자는 남편의 성화에도, 두 번의 이사를 하면서도, 이

전화번호만은 뗄 수 없는 혹처럼 달고 다녔다. 그녀가 철이와 닿고 싶었던 간절한 마음처럼 나도 그녀와 이어지고 싶은 마음이 들어서였을까.

"304-2996번 전화 해지 처리되었습니다."

여직원의 또박또박한 어조가 비수처럼 아프게 꽂혔다. 삼십 년간의 긴 인연을 1분도 채 안 되는 시간에 떠나보냈다. 혹시 그녀가 전화를 걸어도 이제는 없는 번호라 안내될 것이다. 앞으로는 그녀가 깃털처럼 홀가분한 기억만 간직했으면 싶다. 오늘에서야 없어진 전화번호처럼 이 나라에서 받은 상처들도 잊어주면 좋으련만. 그녀와 나 모두 행복하게 살고, 전화로 키워 낸 철이도 넓은 대륙의 아이로 잘 자라고 있으리라 믿는다.

전화국 화단에는 꽃샘추위도 잊은 매화꽃이 만발했다. 까치 한 쌍이 매화 향을 흩뿌리며 날아오른다. 어디서 반가운 소식이 오려나? 아쉬운 마음에 핸드폰으로 304-2996을 눌러본다.

'지금 거신 번호는 없는 번호입니다. 다시 확인하시고 걸어 주기 바랍니다.'

소리 풍경

느긋한 출근길이다. 사거리 횡단보도에서 신호를 기다리고 있다. 이어폰을 꽂지 않은 채 듣고 있던 내 핸드폰에서 개구리들이 목이 터지도록 울고 있다. 신호등이 바뀌기를 바라는 사람들의 얼굴은 모두 무표정하다. 그들은 소리보다 초록 불빛에 정신을 모으고 있는 도시인들이다.
 느닷없이 한 여자가 내게 다가와 말을 건넸다.
 "개구리 울음소리 아니에요?"
 당황한 나를 골탕 먹이려는 것처럼 개구리들은 더욱 요란스럽게 목청을 높였다. 옆 사람에게 들릴 만큼 소리가 컸단 말인가. 일순간 당혹스러워 볼륨을 낮추었다.
 그녀는 쑥스러운 표정으로 같이 듣기를 청했다. 시내 한복판에서 개구리가 떼창으로 우는 음향을 이어폰 하나씩으로 나누어 들으면서 걸었다. 자연스럽게 두 사람은 보폭이 맞추어졌다. 작은 마트와 한복집을 지나고, 구두 수선가게를 거니는 동안에 개구리 울음은 두 사람의 귀를 울렸다.

　사십 중반쯤으로 짐작되는 그녀는 이십 대 초반에 원인불명의 시신경 이상으로 실명했다 한다. 왼쪽 눈은 전혀 볼 수 없고 오른쪽 눈은 사물의 윤곽만 어렴풋이 구별할 정도였다. 아직 시각장애인용 지팡이를 사용하지 않지만, 익숙한 거리나 물건들은 청각적 경험으로 짐작한단다. 시력을 잃고 나니 소리에 민감하게 반응하는 감각이 생겼다고 한다. 횡단보도라는 일상적인 장소에서 어린 시절에 들었던 개구리 울음소리로 뜻밖에 고향 논둑길을 걷는 기분을 느꼈다고 했다.

　헤어질 즈음, 몇 번이고 고개를 조아렸다. 정상인처럼 걸어가는 뒷모습을 한참 지켜보았다. 그녀의 발소리가 멀어질 동안 내 이어폰에서는 실상사의 수곽에 흐르는 물소리가 청아하게 들려오기 시작했다.

　실상사는 지리산 북쪽 자락에 있는 천년 호국사찰이다. 국보와 보물이 많고 주변 경치가 주는 유명세 때문에 오가는 발걸음이 빈번하다. 이름난 절이 산중에 자리한 것과 달리 이곳은 넓은 평지에 터를 잡아 엄마의 치마폭 같은 안온함을 준다.

　가을 들판이 한가로운 날, 실상사에 갔다. 보광전 마당으로 내닫는 순간, 작은 목조 건물이 눈에 띄었다. 한때 해우소로 사용되었던 곳이다. 얼기설기 뚫어 놓은 구멍 사이로 달보드레한 가을볕과 순한 색바람이 들락날락했다. 통싯간의 옛 흔적을 찾을까 싶어

기웃거리고 돌아 나오려는데, 허름한 나무 의자 하나가 덩그러니 눈에 띄었다.

본연의 색이 다 바랜 의자는 회색에 가까웠다. 호젓한 주변과 여유로운 자태가 어정쩡한 나를 끌어당겼다. 그 끌림은 공손하게 두 손을 모으고 눈 감은 자세로 의자에 앉게 했다. 이내 음악 소리가 들려오기 시작했다. 나무 의자에 앉으면 소리가 들리도록 장치해 놓은 것이다. 해우소의 정적, 혼자 있는 적막이 서서히 귀를 채우는 음악과 어울리면서 점차 소리의 세계로 빠져들었다. 소리가 그리는 풍경은 나를 황금 들판으로, 극락전 숲으로 데리고 갔다. 그 음악은 소리가 아니라 자연에서 우러나오는 갖가지 풍경이었다.

변소화랑이다. 정만영 소리 작가가 실상사 주변 소리를 채집하여 '소리의 풍경'이라는 제목을 붙인 설치 작품이다. 실상사 주변 자연의 사계절 소리를 해우소에 걸어 두었으나 사람들은 무심히 스쳐 지나가 버린다. 나는 의자에 앉아 귀를 기울이는 동안, 소리로 우주와 연결되는 자신을 느껴보라는 작품의 뜻을 알게 되었다. 침묵마저 귀 기울여 들으면 눈앞에 생생한 풍경이 그려진다. 소리가 그림으로, 청각이 시각으로, 현실이 환상으로 바뀌고 서로 어우러진다.

소리가 소리를 몰고 온다. 새벽 범종 소리, 보광전 앞 수곽 소리가 비닐하우스에 떨어지는 빗소리와 고향의 밤 개구리 소리로 이어진다. 화림원의 바람 소리도 황금 들판의 참새 떼 소리를 불러 낸다. 작은 풀벌레 소리를 시작으로 물소리와 바람 소리를 그려낸 다. 변소화랑에서.

실상사를 다녀온 후 수소문 끝에 '소리비'란 CD로 판매되는 작품을 손에 넣었다. CD를 들을 때마다 변소화랑의 알록달록한 풍경화가 연이어 펼쳐진다. 어제는 갈색이었지만 오늘은 초록색으로 변한다. 내일은 또 다른 색으로 변할 것이다. 소리를 풍경으로 보기 시작했다.

요즘은 핸드폰으로 언제 어디서 무엇이든 사진으로 담을 수 있는 세상이다. 찍고, 전달하고, 지우기도 한 순간이다. 많은 사람이 시각적 다채로움에 익숙해지면서 막상 천연 소리 세계를 잃어버렸다. 걸으면서 눈요기는 얼마든지 할 수 있지만 소리의 멋을 제대로 알려면 발걸음을 잠시 멈추고, 가만히 경치를 바라봐야 한다. 돌, 바위 위에 앉아 잠시라도 귀 기울여 들어야 한다.

'소리비' CD를 들을 때면 앞을 볼 수 없다던 그녀가 생각난다. 추억의 소리인 개구리 울음이 실어다 준 풍경은 그녀에게 어떤 색깔이었을까. 그녀는 시각을 잃었지만, 마음으로 보는 심안은 더욱 섬세해졌을 것이다. 그녀를 다시 보게 되면 녹음해 놓은 '소리비'를 선물로 줄까 한다. 들고 다니기 편하게 고리까지 달아서 여분으로 갖고 다닌다. 어쩌면 나보다 몇 배의 감동으로 소리가 그리는 풍경을 즐길 수 있을 것이라 생각한다.

귀에 익은 참새 떼 소리가 우리 집 아침을 깨운다. 출근을 서두른다. 오늘은 그녀를 만나려나. 초록 불빛을 기다리며 주위를 두리번거려 본다.

빨랫줄과 수평계

빨랫줄이 끊어졌다. 높낮이를 조절하는 쪽이 망가지긴 해도 큰 불편 없이 사용하고 있었다. 일찍 손을 봤어야 하는데, 빨래의 무게를 더 이상 견디지 못해 한쪽이 완전히 삭아 내렸다. 빨랫줄의 쇠막대기 네 개가 사정없이 내려친 곳은 꽃밭이었다. 활짝 꽃을 피운 사랑초 화분이 산산조각이 났다. 화분 몇 개는 멀쩡했지만, 하필 키운 지 오래되고 소중히 다루는 꽃이 망가져 버렸다. 차일피일 수리를 미루어 왔던 나의 무관심이 원망스러울 뿐이다.

요즘은 빨랫줄을 보기 드물다. 아무리 많은 빨래도 건조기에 들어갔다 나오면 해리포터의 마법처럼 뽀송하게 마른다. 그래서인지 빨랫줄이 점점 사라지고 있다. 한때는 마당을 가로지르는 빨랫줄에 알록달록한 옷가지가 햇볕의 속삭임과 바람의 냄새를 맡으며 나풀거렸다. 바지랑대 끝에 한가로운 잠자리 한 마리가 축 늘어진 빨래에게 새살거리며 말을 건넸다. 때로는 참새떼의 제식 훈련장이 되기도 했다. 옥양목 홑이불을 말리는 날, 널어놓은 빨래를 헤집으며 숨바꼭질하는 아이들의 깔깔거리는 소리가 맑은 뭉게구름 위까지 닿는 듯했다. 무심히 길을 가다가 빨래가 널린 풍경을 만나면 이유 없이 고개를 내밀어 그 집안을 살펴보기도 했다. 옅은 미소까지 머금고 버정이며 머물렀던 그때가 그리워진다.

빨랫줄에 걸린 옷을 보면 다양한 생각이 떠오른다. 알록달록하게 널린 많은 옷가지에서 식구 수가 여럿이며 다복한 집임을 짐작한다. 부부 금슬까지 가늠되기도 한다. 구멍 난 양말이나 색 바랜 옷, 고급스러운 새 옷을 눈여겨보면 그 집의 경제 사정까지 헤아려진다. 야무진 안주인의 손재주와 살림 솜씨가 널려있는 옷가지의 상태를 결정한다. 묻지 않아도 한 집안의 속내를 훤히 볼 수 있다. 빨랫줄을 따라 시선을 옮기다 보면 잠시 이야기책을 읽는 것처럼 재미가 쏠쏠하다.

결혼 초의 일이다. 분양받은 아파트 입주 시기가 맞지 않아 단독 주택 단칸방에서 신혼살림을 시작했다. 부엌에 딸린 토끼굴만한 작은 방은 생활하기 불편했다. 연탄불을 피우는 살림살이는 궁상맞고 초라한 시작이었지만, 언젠가 내 집으로 이사 들어갈 것이라는 희망으로 견딜 수 있었다. 그 와중에 나를 들뜨게 하는 것이 있었다. 빨랫줄에 옷가지를 널 수 있다는 것이었다.

아무도 사용하지 않는 마당에 빨랫줄 칠 궁리를 했다. 하루는 남편한테 채근했더니 이것저것 연장을 챙겨서 거창한 작업을 시작했다. 망치와 못, 노끈 세 가지면 끝나는 단순한 현장이라 여겼지만, 잡다한 물건들이 여기저기 널브러져 있었다. 당시 큰 회사의 가전제품 서비스맨이었던 그는 손끝이 야무졌다. 결혼 전 부모님은 탐탁찮게 그를 봤다. 몇 번 집안 잡일을 시켜보더니 저 손이라면 무슨 짓이라도 해서 처자식은 먹여 살리겠다고 결혼을 승낙했었다.

"도대체 저게 뭐 하는 물건이에요?"

처음 보는 요상한 물체를 들고 빨랫줄 위에 얹었다 내려놓기를 반복하고 있었다. 그것은 수평계였다. 수평계는 면이 평평한가 아닌가를 재거나 기울기를 조사하는 데 쓰는 기구다. 유리관 양 끝을 막고 그 속에 일정한 기포를 남겨 두고 에테르 또는 알코올을 넣어서 만든다. 기계를 수평으로 놓았을 때 기포의 위치가 0점에 오도록 눈금이 새겨져 있다. 건축 현장에서나 사용할 도구가 눈앞에 있었다.

빨랫줄을 치는데 수평계가 등장하다니. 어울리지 않는 물건의 용도가 의아하기만 했다. 빨랫줄의 한쪽을 올리니 또 한쪽이 기울고, 이쪽저쪽을 오가며 수평을 잡고 있었다. 한동안 같은 동작을 반복하며 몇 분이면 끝낼 일을 한 시간 이상 씨름하고 있었다. 나는 그때 그를 달리 봐야 했는데 대수로운 일도 아닌 것에 수평을 고집하는 그를 애써 좋은 쪽으로 이해했다.

빨랫줄은 굳이 수평을 유지할 필요가 없다. 본연의 역할이 빨래를 말리는 것이고 축축하게 젖은 옷들이 물기를 비워낼 때까지 온몸으로 버티며 지탱해야 한다. 때로는 바지랑대의 힘을 빌려서 따스한 볕으로, 무심한 바람 곁으로 몸을 움직여야 한다. 자신을 낮추고 올리며 때로는 수직으로 움직여야 빨래가 잘 마른다. 옷가지 또한 빨랫줄에 전신을 유연하게 맡겨야 한다. 수평을 유지한답시고 꼿꼿하고 땡땡하게 버티면 빨래는 땅으로 떨어지고 만다. 수평계로 빨랫줄의 평형을 유지시키는 일은 모래 위에 집을 짓는 것과 다르지 않다.

그의 성격이 꼼꼼하여 나의 결혼생활은 평평할 줄로 믿었다. 빨랫줄 하나의 수평도 신경쓰는 그가 내 인생의 수평계이고, 수평적 삶이 열릴 줄 알았다. 하지만 현실은 반대였다. 자연 속 동·식물만 먹고 살던 원시시대가 아님에도 그는 집안의 경제 사정은 살피지 않았다. 모래성처럼 무너지는 집을 지키고자 급기야 나는 집안의 가장이 되었다. 남편의 월급봉투는 몇 해밖에 구경하지 못했다. 지금껏 다섯 번의 이사를 할 때도 갖은 핑계로 집을 비워 혼자서 끙끙거리며 정리했다. 힘든 이사가 끝나면 개선장군처럼 그가 나타났다. 수평계가 반드시 등장하여 선반이며 못이며 집의 구석구석을 세심하게 살피기 시작한다. 이제는 그의 빈틈없음이 더는 경이롭지 않고 기대감이 들지도 않는다.

부부가 사는 모습은 다양하다. 권력이 중심이 되려는 부부는 '이것 봐. 내가 맞는다고'를 외치며 경쟁자처럼 서로를 대한다. '아냐. 내가 다 할게'라며 일방적으로 희생하는 관계도 있다. 학대적 관계는 '짜증 나게 하지 마! 너만 잘하면 아무 문제 없다' 라고 주장한다. 싸우지도 않고 친밀하지도 않은, 있는 듯 없는 듯한 사이도 있다. 든든한 동반자로 인식하는 협력적 보완관계는 서로를 잘 받아들이고 균형을 이룬다. 이것이 누구나 꿈꾸는 이상적인 부부관계다.

남편과 나는 삼십 년을 함께했다. 그는 여전히 빨랫줄은 수평을 유지해서 만들어야 한다고 고집하는 삶을 살고 있다. 빨랫줄에 널리는 옷가지와 바지랑대에는 관심을 주지 않는다. 그의 야무진 눈과 손은 가족을 잘 부양하지 못했다. 바람결에 휘청거리는 부부라는 빨랫줄은 세월의 흐름에 무너져 '있는 듯 없는 듯'한 관계가 되어 버렸다.

수리공을 불러 빨래건조대를 수리했다. 고장 난 빨랫대를 눈치채지 못한 그의 반응이 궁금해진다. 주말에는 겨울 이불을 세탁해 따사로운 봄볕에 말려야겠다. 그리고 화원에 가서 송이가 풍성한 사랑초 화분도 다시 들여야겠다. "당신 힘들까 봐, 사람 불러서 고쳤어." 기분 상하지 않게 한마디 던질 참이다. 이제는 내가 집안의 수평을 맞추어야 한다.

하얀 거짓말

결혼식에서 축하 시낭송을 했다. 남들 앞에 나서기 부끄러운 수준이라 주춤거렸지만, 선뜻 응했다. 무모한 용기도 아니고, 쓸데없는 자신감은 더더욱 아니다. 특별한 인연 끝에, 예쁜 숙녀가 되어 내 앞에 서 있는 사랑스러운 신부 때문이다. 플루메리아 꽃을 들고 가늘게 떨며 서 있는 신부에게, 부케의 꽃말처럼 '축복받은 사랑'을 증명해 주고 싶어서였다.

삼십 년 전 일이다. 병리사로 근무 중인 병원 근처의 작은 구멍가게를 내 집처럼 드나들었다. 물건을 사는 일보다 대화만 하고 돌아오는 일이 더 많았다. 상점 앞의 손바닥만 한 화단에는 계절마다 알록달록한 꽃들이 피어있었다. 꽃구경을 핑계 삼았지만, 사실은 주인아저씨의 매력에 푹 빠져서 그곳을 들락거렸다.

명문대를 졸업하고, 대기업까지 다니던 아저씨에게는 어울리지 않는 곳이었다. 계산대에 가려져 있는 휠체어를 탄 아저씨의 모습을 보게 되면 누구라도 놀라게 된다. 아저씨는 한때 건강한 젊은이였다. 취미생활로 즐기던 패러글라이딩 중 예기치 않은 사고로 하반신 장애인이 되었다. 결혼한 지 채 일 년을 넘기지 않은 청년의 꿈이 하늘에서 산산조각이 났다. 고향으로 돌아와 재활 치료에 전념했지만 별 차도는 없었다.

아저씨는 내가 예고 없이 찾아가도 기다렸다는 듯 환하게 반겼다. 정치와 경제적인 이야기는 물론이고, 실없고 소소한 나의 수다까지 잘 받아 주었다. 아저씨를 만나고 나면 여름 소낙비를 맞은 듯이 시원하고 상쾌했다. 마음이 잘 통하는 친구 사이 같았다. 어느 날, 나를 혼란에 빠지게 한 그 제안만 없었더라면….

아저씨는 부모도 모른 채 보육원에서 자랐다. 지금의 아내는 같은 보육원에서 자란 두 살 아래 동생이었다. 어릴 때부터 토끼처럼 눈이 동그란 그 아이랑 결혼하고 싶었다. 그는 공부를 곧잘 했다. 서울 명문 대학의 4년 전액 장학생으로 졸업할 만큼 수재였다. 대기업에 취업하고 아파트 전셋집을 마련할 돈이 준비되자 결혼을 결심했다. 둘은 '아이를 많이 낳아 좋은 부모가 되자'는 약속을 했다. 평범한 언약이었지만 고아로 자란 두 사람에게는 특별한 의미가 있었다.

아저씨는 사고로 인해 아빠가 될 수 없는 몸이 되었다. 아내는 엄마가 될 자격이 충분했다. 그때는 지금처럼 불임 센터가 잘 운영되지 않던 시절이었다. 인공수정으로 충분히 가능한 일이었지만 그 당시는 두 사람이 부모가 되는 길은 입양뿐이었다. 하지만 장애인 아빠의 건강이 입양조건의 걸림돌이었다. 아저씨는 신장이 제대로 기능을 할 수 없었다. 아이를 무사히 입양하려면 부모의 건강한 신체검사 결과가 있어야 했다.

"선생님, 저에게 세상을 살아갈 희망을 주세요. 선생님 손에 달려 있습니다."

검사를 해 보니 아저씨의 나쁜 결과만 선명하게 보였다. 정상 수치를 적었다 지우기를 반복했다. 검사 결과를 보고해야 하는 시간이 다가올수록 심장 소리가 시계의 초침 소리보다 더 또렷이 쿵쿵거렸다. 손에 들려있는 결과지가 땀으로 흥건히 젖어서 구멍까지 났다. 다시 쓰기를 하며 되뇌었다. '이것은 결코 범죄가 아니야.' 아저씨가 좋은 아빠가 될 것이라 생각하기에, 두려움보다 큰 믿음의 확신으로 내 직업적 죄의식을 합리화시켰다. 나는 결과지에 거짓 기록을 하고 말았다.

다섯 살 여자아이는 꽃처럼 자랐다. 해바라기처럼 방긋방긋 웃고 다니는 모습에 우중충한 가게까지 밝아졌다. 아저씨는 아이가 생긴 이후, 누구를 붙잡고 이야기할 새도 없었다. 좋은 아빠가 되기 위한 공부에 하루하루가 바쁜 딸바보 아빠였다.

아이는 동글한 얼굴 생김새가 아빠를 많이 닮았다. 아이는 아빠가 오랫동안 병원에 입원하게 되어, 다섯 살이 되어서야 집으로 데려왔다고, 알고 있었다. 길거리에서 우연히 나와 마주쳐도 '이모'를 외치며 달려왔다. 친조카처럼 내게는 각별하게 정이 가는 아이였다.

"선생님 큰일 났습니다. 영이가 저와 아내 사이에 나올 수 없는 혈액형이랍니다."

부부는 처음부터 아이에게 숨길 생각은 없었다. 사춘기를 넘기고 적당한 시기에 입양 사실을 알리기로 했다. 장애인 아버지가 부끄러워 혹여 엇나가지나 않을까 싶어 입양 사실을 숨기고 키웠다. 어느 날, 아이가 학교에서 혈액형을 배우고 와서 엄마 아빠 혈액형을 물었다. '아차!' 여기까지는 미리 생각하지 못했다. 공교롭게도 아이는 B형이고 아빠 엄마는 둘 다 A형이었다. 아이가 엄마 아빠 사이에서 태어날 수 있는 혈액형이었다면 얼마나 좋았을까. 아이에게 친부모임을 증명해 줄 완벽한 시나리오가 필요했다. 셋이 나란히 내가 근무하는 병원에 와서 피를 뽑았다.

"아빠는 A형, 엄마는 B형, 영이는 엄마 피를 닮아 B형이네"

내 손에 의해 엄마 혈액형이 A형에서 B형으로 둔갑한 것이다. 처음이 어렵다 했던가. 두 번째 거짓말은 너스레를 떨며 자연스레 나왔다. 생김새는 아빠를 닮고, 피는 엄마를 닮았다며 해맑게 웃는 아이가 병원 문을 나섰다. 노랑 치마를 나비처럼 나풀거리며 깡충깡충 뛰어나갔다. 나의 거짓 보고도 그것이 마지막이 되었다.

흔히들 거짓말에는 새빨갛다거나 새하얗다는 색깔을 입힌다. 영화 〈태양은 가득히〉에서 잘생긴 주인공 리플리 역을 맡은 알랭 드롱의 거짓말은 새끼를 치며 끝없이 자란다. 그는 전형적인 '새빨간 거짓말쟁이'이다. 반면, 오 헨리의 소설 『마지막 잎새』에는 '거짓 잎사귀'가 진짜가 하지 못했던 희망의 싹을 키우기도 했다. 하얀 거짓말이 만든 기적이다.

직장을 옮기고 그 가족과는 자연스레 거리가 멀어졌다. 간혹 내가 저지른 거짓말은 어떤 새끼를 치며, 어떤 색깔을 지닌 모습으로 자랐을까 궁금했다.

이른 봄의 매화 향을 품은 듯, 그 아이는 고왔다. 아버지의 휠체어를 밀며 입장하는 모습부터 여느 신부와 달랐다. 화려하고 주인공 같은 신부 입장은 아니었지만, 어떤 사람보다 아름다운 모습이다. 예식의 막바지에 신부가 편지 한 통을 꺼냈다. 부모님께 보내는 특별한 사랑이 담긴 이벤트였다. 입양아인 자신을 친자식처럼 사랑으로 키워 준 것에 대한 감사함이 녹아 있었다. 신부 측 부모님의 작은 흐느낌을 시작으로 식장의 하객 모두는 울음바다를 이루었다. 그 소리는 울음으로 들리지 않았다. 봄볕처럼 따뜻하게 전해지는 살가운 온기였다. 감동과 축복의 폭죽 소리였다.

"이 자리에 계신 선생님 한 분의 도움으로 제가 우리 부모님의 딸이 될 수 있었습니다. 오늘 축하 시낭송까지 해 주심에 깊이 감사드립니다."

눈물이 아른거려 신랑·신부의 퇴장하는 모습이 흐릿하게 보였다. 나의 거짓말이 새하얀 옷을 입은 고운 신부가 되어 걸어가고 있다.

식리飾履

 악몽도 아닌데 잠을 깼다. 꿈자리가 뒤숭숭하다. 통잠을 자는 나로선 의아한 일이다. 잘 꾸지도 않는 꿈을 연거푸 꾸게 된 것도 신기하고, 그 내용마저 한결같이 비슷하다. 꿈은 현실 세계의 계시라고들 한다. 현실의 시간 속에서 일어나는 일이 꿈이라는데, 꿈에 나타난 아버지는 남루한 옷에 맨발로 서서 물끄러미 나를 바라보고 계셨다.

 생전의 아버지는 근면하며 부지런했다. 시계추처럼 쉼 없이 움직였다. 애착 인형처럼 등짝에는 지게가 떨어질 날이 없었다. 논두렁 밭두렁 아버지의 낫질이 지나가면 기계로 깎은 잔디처럼 반듯했다. 뉘 집 할 것 없이 초가집 지붕이나 이엉을 이을 때도 아버지 품을 빌렸다. 깔끔하고 야무진 손끝이 지나간 곳은 일년내내 물이 새는 법이 없었다. 온몸을 달망이며 신명도 많은 분이었다. 정월 대보름이나 마을에서 농악놀이를 할 때면 늘 상쇠재비를 했다. 꽹과리를 치며 흥에 취해 놀이패를 이끄는 아버지의 모습이 자랑스러운 날이었다. 어깨춤을 덩실거리며 농악놀이를 따라다 닌 기억이 지금도 생생하다.

아버지가 돌아가시고 채 일 년을 넘기지 않은 때였다. 우연한 대화 중에 언니도 나와 비슷한 아버지 꿈을 꾼다고 한다. 급기야 엄마가 용단을 내렸다. 짐작 가는 일이 있다며 찾아간 곳은 무당 집이었다. 그 시절은 동네에서 심심찮게 굿하는 소리를 들을 수 있었다. 환한 보름달이 마당 구석구석을 비추는 날, 우리 집에 굿판이 벌어졌다.

미신이라면 질색인 나는 내키지 않는 자리지만 엄마의 성화에 못 이겨 굿판에 끌려 나갔다. 마당 중앙에 깔아 놓은 멍석에는 눈에 익은 동네 어른들과 아이들 몇몇이 앉아 있었다. 달빛에 비친 제상의 돼지머리는 기름을 칠한 듯이 반들거렸다. 낮 동안 햇살이 수다를 떨고, 스치던 바람도 잠시 놀다가는 그날의 빨랫줄에는 형형색색의 이상한 헝겊 천이 펄럭이고 있었다.

건강하던 아버지가 휘청거렸다. 담도에 돌이 박혀 황달이 오고 결국에는 담석을 빼는 수술을 받았다. 평생을 일만 하던 황소 같은 분이 쓰러지니 온 집안이 흔들거렸다. 잘 회복되던 희망은 삼년을 넘기지 못했다. 재입원을 했다. 다시 통증이 시작될 즈음, 아버지는 무슨 생각을 하셨을까. 평생 남의 집에서 잠이라곤 청하지 않는 분이 막내딸 집에서 하룻밤을 자고 갔다. 그 당시 곤궁한 생활은 우리 부부의 일상이었지만, 안으로 곪아 있는 상처 때문에 티격태격하는 모습까지 아버지께 들키기는 싫었다. 아마도 아버지는 그런 속내를 훤히 알고 계셨지만, 굳이 마지막이 될 어려운 걸음을 한 것이다. 연신 '잘 살그래이'라며 사위의 손을 잡고 다독거려 주었다.

그날 벗어 놓은 아버지의 신발을 보게 되었다. 폼나게 신고 밖으로 나갈 일이 드문 촌부의 신발답게 퍽이나 낡아 있었다. 꼼꼼하신 성품에 구두약을 고루 발라 광을 내 신으신 듯하다. 자주 신지 않은 신발은 안과 밖이 거북등처럼 갈라지고 들떠 있었다. 기운을 잃은 아버지처럼 구두의 명도 다 되었음을 직감했다. 수년간 신발장 구석에서 바깥세상을 꿈꾸며 홀로 늙어간 듯한 구두였다. 가죽 표면과 달리 뒤축은 닳지 않아 세상 어디라도 주인의 무게를 견디며 가겠다는 태세였다. 본연의 광을 잃은 구두의 거죽처럼 아버지의 몸은 혈색을 잃어가고 있었지만, 반듯한 모서리의 뒤축처럼 정신은 더 또렷하신 듯했다.

남편과 모처럼 마음이 통했다. 장인어른 구두를 한 켤레 사 드려야겠다는 그의 말이 사랑 고백보다 더 좋았다. 백화점 신발 코너는 통로를 사이에 두고 저가와 고가의 구두 가게로 나뉘어 있었다. 형편을 생각하는 마음이 오락가락 저울질하고 있었다. 아버지는 이미 사위의 손에 이끌려 얼굴까지 훤히 비칠 법한 고급 구두를 신고 있었다. 잇몸까지 드러나도록 흡족하게 웃고 계신 모습은 아버지의 생소한 표정이었다. 오랫동안 구두값 할부를 갚으면서도 남편이 잘한 일이라 생각하니 덜 부담스러웠다.

두 번째 수술은 절망적이었다. 의료진은 보호자를 불러 죽음의 시위 속도가 몇 달뿐임을 알려 주었다. 병상 아래 가지런히 벗어 놓은 새 구두는 병실을 드나드는 사람들 눈에 먼저 띄었다. 아버지는 잠시 의사 선생님과 면담할 때, 병원 계단을 오르내리는 운동을 할 때, 심지어 화장실을 갈 때도 사위와 막내딸이 사 준 구두를 꺼내 신었다. 후줄근한 광목천 바지의 환자복에 어울리지 않는 구두의 광기는 더 선명했다. 새 구두의 기운이 아버지의 건강으로 전이되는 요행이 일어났으면. 구두에 쏟는 아버지의 각별한 애착이 느껴졌다. "내가 빨리 이 구두를 신고 나가야 하는데" 다짐하며 삶의 의지를 종종 내비쳤지만, 끝내 몇 달을 넘기지 못하고 돌아가셨다. 반짝반짝 빛을 발하는 새 구두만 남겨놓고.

무당은 오른손에 삼지창, 왼손에는 언월도를 높이 들고 미친 듯이 뛰고 있었다. 그녀의 움직임에 맞춰 삼재비의 악기 소리는 더 빨라졌다 느려졌다하며 굿판의 흥을 이끌었다. 그러다 껑충거리며 칼춤 추던 무당의 동작이 갑자기 멈추었다. 들고 있던 신칼을 던지고 방울과 대나무 채로 바꿔 쥐는 순간, 온천지가 쥐 죽은 듯 고요해졌다. 굿판이 절정에 다다랐다. 혼령을 불러오는 청배가 끝나고, 드디어 무당이 공수를 내리기 시작했다. 장마철의 개구리처럼 여기저기서 사람들이 웅성거렸다.

말똥한 정신으로 지켜보던 나는 묘연한 끌림 속으로 빠져들었다. 신대가 맹렬하게 움직이고 방울 소리가 더 격렬해지더니 무당이 내게로 다가왔다. 일순간 매섭던 무당의 눈동자에서 아버지의 자상한 눈빛이 느껴졌다. 그리고는 낮은 목소리로 내 이름을 나지막히 불렀다. 나는 무녀를 끌어안고 콧물 눈물이 범벅되도록 울었다. 그날의 무당은 내 아버지였다. 아픈 손가락 막내딸이 사 준 보석 같은 구두를 두고 저세상 가신 아버지가 분명했다. 혼이 깃든 신발, 삶의 희망이던 구두는 아버지의 식리가 되어야 했는데 그러지를 못했다.

'식리'란 장례에 사용되는 장식용 신발을 말한다. 삼국시대의 고분에서 출토되고, 신라시대의 왕릉에서는 고인이 생전에 사용한 물건과 함께 발견되기도 했다. 경주 천마총에서 황금색으로 번쩍거리는 식리를 눈여겨본 기억이 난다. 아버지는 생에 마지막으로 신으신 신발을 저승길에서도 신고 싶으셨나 보다. 그 뜻을 헤아려 드렸어야 하는데, 워낙 새 신발이라 아까운 마음에 엄마가 큰아버지께 드렸다 한다. 딸의 꿈 이야기를 들은 엄마가 무당집을 급히 찾은 이유도 여기에 있었다. 새 옷과 새 구두를 장만해 제상에 올려놓고 용서와 극락왕생을 빌고 빌었다.

아버지가 저세상 가신지 30여 년이 지났다. 다행히 굿을 통해 전해드린 구두가 맘에 드신 듯하다. 새 신발을 신고 저승에서도 동분서주하시나 보다. 이제는 딸의 꿈에조차 오시지 않는다.

춘추벚꽃

'벚나무다', '아니다'며 실랑이가 한창이다. 어떤 사람은 정신 나간 꽃이라며 애꿎은 핀잔까지 한다. 익히 알고 있던 꽃이지만, 계절을 잊은 듯 눈앞에 펼쳐진 모습이 감탄스럽다. 오지랖 넓게 낯선 사람들 틈에 끼어들었다. 봄가을에 두 번 꽃을 피우는 '춘추벚꽃'이라고 하니 연세가 지긋하신 분이 허허롭게 껄껄 웃으신다.
"사람보다 낫네그려. 저 꽃처럼 나도 한 번 더 피면 좋으련만."
왁자지껄 구경하던 사람들이 하나둘 흩어진다. 나뭇잎이 색색의 단풍으로 물들어 휴식을 준비하는 가을이다. 생뚱스럽게 꽃을 달고 있는 여린 벚꽃 송이를 어루만져 본다. 어느 해, 봄날의 벚꽃 송이가 눈앞에 아른거리며 슬픈 꽃비로 쏟아져 내리던 때가 떠오른다.

그 어르신이 돌아가셨다는 전화가 왔다. 출근을 서둘렀다. 그룹홈이 있는 아파트 입구에는 병원 응급차의 비상등이 내 심장 박동 수만큼 바삐 돌아가고 있다. 분위기와 달리 화단에는 화사한

벚꽃이 사열하듯 줄지어 흐드러지게 피어 있다. 걸음을 재촉해 허겁지겁 왔건만, 하얀 천에 씌워진 어르신의 시신이 응급차로 옮겨지고 있었다. 들것의 뒤쪽을 들고 있던 분이 잠시 중심을 잃어 화단으로 뒤뚱거리며 벚나무 가지에 부딪혔다.

흰 광목으로 덮은 그분의 주검 위로 꽃잎이 내려앉았다. 내 눈물처럼 주르륵 떨어졌다. 안절부절못하고 있는 내 얼굴에도 벚꽃잎이 스쳤다. 주체할 수 없는 슬픔 위로 꽃잎은 자꾸 떨어지고 있었다.

이십여 년 전, 요양시설인 노인 그룹홈에서 사회복지사로 근무했다. 아파트 1층에 위치해 가정집 같은 친숙함을 장점으로 소수의 인원만 돌보는 시설이었다. 요양보호사 도우미가 잠깐씩 거들어주지만, 주로 혼자서 5~6명의 노인을 돌봤다. 청소, 식사, 목욕, 바깥나들이 등 어르신들과의 생활은 꽤 버거웠지만 보람 있는 일이었다.

돌보는 어르신 중 한 명인 그분은 파킨슨병을 앓고 있었다. 파킨슨병은 뇌의 신경세포 손상으로 평형감각을 상실해서 보행 장해를 겪고, 손이 떨리며 근육이 뻣뻣해지는 병이다. 우울증, 배뇨 장애가 있지만 치매처럼 지능이 떨어지거나 성격이 변하지는 않는다.

어르신은 젊은 시절 영문과 교수였다. 핏기 없는 얼굴에 웃음을 머금고 아침 인사는 긴 영어 문장으로 건넸다. 한결같은 나의 대답은 "하이!" 한마디였다. 인사를 맞받아주는 재미가 없다는 응짜를 하면서 어느 날부터 나를 '하이 선생님'으로 불렀다. 하이 선생님은 왜 화장을 곱게 하지 않느냐, 빨간색 루즈를 바르면 어울리겠다, 꽃무늬 원피스를 한번 입고 와라, 친숙해질수록 당신의 취향에 맞는 여성상을 요구하기 시작했다. 남다르게 살가워하는 것을 느낄 수 있었다.

"선생님이 오고 어르신 표정이 너무 밝아졌어요."

면회를 온 가족이나 원장은 그 변화가 다 내 덕분이라 했다. 말수가 적었던 분이 종일 재재거렸다. 입이 짧아 소식하셨던 분이 식사량도 늘어나고 간간이 독서도 할 만큼 건강이 좋아졌다.

야간에는 원장이 어르신들을 돌보았는데, 그날은 급한 일이 생겼다며 연장 근무를 부탁받았다. 어르신들이 잠자리에 들 시간이었다. 취침 등이 켜진 방 침대에 엎드려서 기저귀를 갈 때였다. 본인의 의지로는 하체를 움직일 수 없이 누워 계신 분이 느닷없이 양손으로 내 가슴을 만졌다. 순식간에 일어난 일이었다.

"하이 선생님, 내 거기를 좀 만져줄래요?"

숨죽인 당신의 남성성이 물을 맞으면 돌아가는 물레방앗간의 절구처럼 살아나는 환상을 꿈꾸셨을까. 차라리 딴청을 부리느라 못 들었더라면 얼마나 좋았을까. 평소의 어눌한 말투와는 비교도 안 될 만큼 또렷한 목소리를 나는 듣고 말았다. 짧은 순간 뇌리를 스치는 생각들은 엉킨 실타래가 되었다. 정색하여 반응하면 혹여

나 창피를 느낄까 걱정이 앞섰다. 매일 마주할 분의 자존심을 지켜드려야 한다는 생각에, 기저귀를 버리고 오겠다며 태연한 척 방을 급히 나왔다. 내 심장은 방망이 소리를 내며 쿵쿵거렸다.

딸깍! 황급히 문을 잠그는 소리만이 침묵을 깨고 있었다. 그 방의 고요는 저울의 추처럼 무거웠고, 문고리의 마찰음은 한밤중 개 짖는 소리처럼 또렷했다. 문밖에서 들리는 잠금장치는 세상 밖으로 연결된 유일한 통로를 막는 단절의 알림이었으리라. 잠깐의 소리가 마음의 빗장을 거는 절연이 될 줄이야. 당신의 의지로는 상체만 겨우 움직이는 분이 나를 쫓아 나올 리도 없지 않은가. 하지만 당황스러운 마음에 한 번도 사용한 적이 없는 바깥 문고리를 황급히 걸어 버렸다.

그 후 그 어른은 평소 좋아하는 명란젓으로 식사를 권해도 들지를 않았다. 휠체어를 타고 나가는 바깥나들이도 마다했다. 하루에 몇 번씩 불러 대던 하이 선생을 찾지도 않았다. 소나무의 메마르고 갈라진 껍질처럼 피부는 건조해져 갔다. 어르신은 삶의 기운을 잃고 자신을 놓아버리고 있었다.

언젠가 읽었던 프로이트의 『심리성적 이론』이 생생히 떠올랐다. 프로이트에 의하면, 사람은 성적인 욕구와 에너지로 가득한 원초아로 태어난다. 그 에너지는 정신적 육체적 에너지가 되어 발전해 간다. 아이든 어른이든 공히 적용된다. 어르신의 기본 욕구와 즐거움을 추구하고자 하는 바람은 어쩌면 삶의 원동력이 아니었을까. 평소와는 다른 달보드레한 저녁에 하이 선생을 보는 순간, 그 욕구는 자신도 모르게 꿈틀거렸을지도 모를 일. 본인의 처지를 바로 바라볼 속이 없지 않았을까. 젊은 시절의 에너지로 여긴 착각은 실수로 이어졌고, 전혀 예측하지 못한 현실 속 상황에 무참히 자존감이 짓밟히고 말았으리라.

어르신이 생기를 못 찾을 것만 같았다. 가라앉은 침묵이 결국에는 죽음을 끌고 오고 있는 것처럼 보였다. 돌아가시기 전날, 불길한 예감으로 어르신과 마주했다. 죽음을 받아들인 분에게 어떠한 말로도 위안이 될 수는 없다. 누가 그 생경한 세상을 설명한단 말인가. 다음 세상이 있다면 어르신의 다정한 연인이 되어 줄 수 있다고, 제가 저지른 잘못을 용서해 주십사고 했다. 끝내 눈물을 보이는 내게 힘겹게 손을 뻗어 등을 토닥거려 주었다. 그동안 고마웠다는 인사를 건넸다. 미안하다고도 했다. 지금이라도 식사하시면 기운을 차릴 수 있다는 간절한 내 말에는 굳게 입을 다물었다. 가슴의 경계선을 허물고 한참 동안 꼭 안아 드렸다.

그분이 가시고 여러 해의 봄을 보냈다. 매년 숨 가쁘게 달려오는 봄은 지천으로 벚꽃을 피운다. 내게는 즐거운 꽃놀이가 될 수 없다. 새하얀 광목천 위로 흩날려 떨어지던 벚꽃 송이는 해마다 내 속에서 피지 못한 꽃처럼 하롱하롱 시들어간다. 무심중의 행동으로 한 분의 삶을 죽음으로 재촉한 것은 아닌지. 늘 후회와 참회를 한다.

가을 벚꽃처럼 다시 피고 싶었던 그분. 이 꽃으로 다시 피어나고 계실까. 바람결에 꽃잎 하나가 내 머리 위로 떨어진다.

수레국화

사람들은 저마다 섬으로 살아간다. 섬처럼 외롭고 섬처럼 혼자다.
외로워서 깊어질 수 있고 혼자라서 자유로울 수 있다.

2부_ 오월, 작약 꽃잎 떨어지다

드무

파란 손수건

진우도

오월, 작약 꽃잎 떨어지다

콩잎 김치

피임약 많이 사 줄게

대구탕과 돈가스

오동나무 다탁茶卓

풍선덩굴

무재칠시 無財七施

드무

　화분 속의 꽃들이 수다를 떨고 있다. 봉숭아, 백일홍, 채송화. 눈에 익숙한 다정한 꽃들이다. 낯선 여행지인데도 친숙하게 말을 걸어오는 것 같다. 어린 시절, 학교를 마치고 빈집에 들어서면 장독대 옆에 쪼르르 줄을 서서 나를 반겨 주던 꽃들이다. 엄마 같았던 봉숭아, 언니 같았던 백일홍, 친구 같은 채송화다. 가방을 내던지고 쪼그리고 앉으면, 한참을 놀아주는 꽃들이 있어 우리 집은 비어 있어도 빈집이 아니었다. 자세히 보니 꽃이 심겨있는 것은 화분이 아니다. 흙을 채워 꽃을 심어 놓은 큰 항아리, 드무였다.
　드무는 화재를 막기 위해 물을 담아 놓은 솥 모양의 용기이다. 드무에는 언제나 물을 가득 담아 놓았다. 화기火氣의 얼굴이 그 물속에 비쳐, 놀라 숨거나 도망가고, 불기운이 약해져 화재가 진압된다고 믿어 왔다. 아마도 소방시설이 따로 없던 시절에 실제로 불이 나면 큰 그릇에 담긴 물이 불을 끄는 데 도움이 되었지 싶다.
　경상도 지방에서는 생활 식수를 보관하는 큰 독을 드무라 불렀다. 부엌의 후미지고 컴컴한 귀퉁이에 주로 놓였다. 아주 큰 항아리 모양이었다. 흔히 보는 장 단지보다 높이는 짧지만, 부피는 더 넓고 바닥으로 내려갈수록 굽 근처가 좁아진 형태이다. 나무로 만든 뚜껑이 경첩으로 연결되어 덮여 있다. 펑퍼짐한 여인의 넉넉한 엉덩이 모양을 닮았다. 항아리 중 가장 인심이 좋게 생겨 여유로운 자태까지 갖추었다. 큰 덩치 탓에 잘 옮겨지지 못하고, 늘 한자리에 부동의 자세로 앉아 듬직한 맏며느리 같이 부엌을 지키고 있다. 높은 곳에서 내려다보는 살강 위의 소쿠리들이 부럽기도 하지만 한 번도 투정조차 하지 않는 속 깊은 독이었다.

  우리 집 부엌에도 드무가 있었다. 집안일보다 들일과 밭일에 더 익숙한 엄마는 살림살이가 너저분했다. 하지만 언제나 드무만은 반질반질 닦았다. 동백기름을 바른 여인네의 정갈한 머릿결처럼 은은한 향기마저 풍기고 있는 듯했다. 이른 새벽에 일어나는 엄마의 하루는 물독을 행주로 정성스레 닦으며 시작되었다. 물동이로 드무에 물을 채웠다. 따베이를 물고 있는 얼굴 위로 물동이 물이 찰랑거리며 흘러내려도 미륵보살의 미소마저 감도는 편안한 모습이었다. 물을 길어 나를 때의 엄마는 힘들어 보이지 않았다. 없는 찬에 투정 없이 밥 잘 먹을 때의 우리 형제들을 바라보는 모습과 흡사했다.

  어린 나는 엄마를 돕겠다고 학교를 마치고 물을 이고 나를 때가 많았다. 우물에서 가깝지 않던 집까지 수십 번을 왔다갔다 했다.

좀처럼 물이 채워지지 않는 큰 덩치의 항아리가 원망스러울 때도 있었다. 엄마는 독에 물이 가득 채워진 날은, 눈가에 그렁그렁 눈물까지 머금고 나를 칭찬했다. 그런 엄마를 위해 힘들어도 힘든 줄 모르고 물을 자주 이다 날랐다. 드무를 애지중지 닦고 품으며 살았던 엄마의 각별한 마음을 어른이 되어서야 어렴풋이 짐작하게 되었다.

엄마는 어린 시절 일본인 선생님에게 배우는 구구단이 재미있었다. 몇 날 며칠 외할머니를 졸라서 학기 중간에 학교를 입학했다 한다. 삼 학년에 들어가자마자 먼저 다니고 있던 아이들보다 구구단을 잘 외웠다. 하루가 지나면 삼사 단씩 외우자 총기가 있다고 주위 사람들도 머리를 쓰다듬었다. 하지만 외할머니가 갑자기 돌아가시고 그렇게 다니고 싶었던 초등학교는 졸업도 못하게 되었다. 어떤 날은 빨랫대야를 이고 학교 담벼락 밑으로 갔다. 교실에서 들리는 선생님의 노래를 따라 부른 적도 있다고 한다. 학교 가는 일이 세상에서 제일 부러운 일이었다. 계모가 들어와 눈칫밥을 먹는 중에 입 하나라도 덜겠다는 생각으로 외할아버지는 엄마를 일찍 시집보냈다.

배태도 한 적 없는 할머니. 그 할머니가 양자로 들인 아버지와 결혼한 엄마의 모진 시집살이는 불을 보듯 뻔했다. 19살에 청상과부가 되어 살아온 할머니는, 며느리가 남편으로부터 받는 사랑이 있을라치면 온갖 심술로 엄마를 괴롭혔다.

손끝이 야문 엄마는 바느질 솜씨가 좋았다. 할머니와 함께 남의 집 옷을 지어주기도 하고 길쌈을 앗아 베를 짜 팔기도 했다. 솜씨 덕에 입소문이 나고 주문이 많아지자 살림은 죽순 돋듯 하루가 다르게 늘어갔다. 밭뙈기 하나 없던 집에 처음으로 아버지 이름의 논 몇 마지기를 샀던 날도 할머니는 며느리를 구박하기 바빴다.
　가세가 늘어나고 논밭이 많아지면서 하우스 농사를 시작했다. 작은 체구의 엄마는 장정들과 똑같이 농사일을 해냈다. 누운 송장도 일어나야 할 정도의 농번기에도 할머니는 바깥일을 하는 법이 없었다. 집안 살림은 물론, 손끝 하나 까딱하지 않았다. 비가 부슬부슬 와도 비설거지를 하는 법도 없었다. 어린 나였지만 비 맞는 농작물 위에 비닐을 덮어 놓으면 할머니가 도로 헤쳐 놓을 때도 있었다. 널어놓은 보리가 비를 맞아 퉁퉁 불어오고 할머니의 심술보도 함께 부풀었다. 동네 사람 다 가는 회치도 엄마는 혼자 들로 가야 했다. 밭일이 끝나지 않아 늦게 집에 오는 날이면 살강에 있는 멀쩡한 삶은 보리쌀 소쿠리를 물독에 빠뜨리기도 했다. 어떤 때는 멀쩡한 아궁이에 물을 부었다. 허둥대며 아궁이에서 물을 퍼내는 엄마를 본 적이 많다. 나는 할머니가 장난을 친다고 생각했다. 엄마를 골탕 먹이는 시집살이였다는 것을 훗날에야 알았다. 당연히 저녁이 늦을 수밖에 없는 엄마가 상을 올리면 입맛이 없다며 밥은 거두고 딴 상을 올리라고 성화였다.
　"씨에미 굶겨 죽일라냐!"

여차 없이 밥상이 마당으로 날아갔다. 이런 날은 누룽숭늉을 끓여 할머니의 화를 잠재워야 했다. 가마솥에 물을 자작하니 붓고 밥을 넣고는 나무 주걱으로 저으면서 노릇하게 누룽지를 만든다. 따닥따닥 밥이 구워지면서 고소한 냄새가 날 때 물을 붓고 팔팔 끓이면 된다. 엄마인들 왜 화가 나지 않았을까. 할 말이 왜 없었겠는가. 자식들 앞에서 시어머니인 할머니 험담을 한 번도 해 본 적이 없다. 할머니께 대드는 모습도 본 적 없다. 부엌 귀퉁이에 놓인 넉넉한 드무처럼 조용히 참아냈다.

엄마가 자식을 낳으면 거두고 기르는 것은 할머니였다. 자식을 낳지 않은 할머니는 손주들을 자식마냥 알토란같이 키웠다. 할머니 사랑을 듬뿍 받고 자란 우리는 엄마의 설움과 한을 이해할 리 없었다. 우리에겐 세상 누구보다 인자하고 좋은 할머니였으니까.

새마을 운동이 시작되고 시골 부엌까지 수돗물이 들어왔다. 우리 집 드무는 텃밭으로 쫓겨났다. 밭 언저리에 빗물받이가 된 드무 앞에서 '어쩌다 니 꼴이 이리 되었냐' 엄마가 혼잣말처럼 하던 말이 들려온다. 남편한테서 대놓고 관심 한번 못 받은 외로움을 알아준 것도 드무였다. 시어머니의 갖은 구박을 견디게 한 것도 드무가 있어서였다. 드무는 엄마의 어떤 말도 묵묵히 들어주고 넉넉히 안아 주었다. 불룩한 드무의 허리춤을 행주로 닦으며 당신의 서러운 눈물까지 닦아낸 것 같다. 모진 시집살이의 둘도 없는 유일한 친구였다. 엄마의 속을 다독이는 친정엄마의 품이었다.

보물단지처럼 귀하게 대접받지 않아도, 은은하게 빛나지 않아도 엄마의 인생은 보석처럼 눈이 부시다. 어두컴컴한 부엌에서 부활한 드무의 꿈이 이제 산짐승들의 목마름을 달래 주는 착한 생명수를 담는다. 엄마의 드무도 내 마음속에 영원히 마르지 않는 샘물 항아리로 남아있다.

화분 속의 활짝 핀 꽃에서 엄마가 환하게 웃고 있다.

파란 손수건

밤새 기온이 뚝 떨어졌다. 당일로 다녀오기에는 무리한 여행이라 서둘러 나선 새벽길이다. 첫 지하철에 올랐다. 드문드문 앉은 서너 명의 승객들 대부분은 팔을 끼고 앉아 눈을 감고 있다. 옆자리의 대학생으로 보이는 청년은 밤새워 마신 술기운이 아직 남았는지 역한 냄새가 풍긴다. 페인트 자국이 얼룩진 낡은 작업화의 초라함만큼 초췌하고 피곤해 보이는 아저씨 한 분은 야간 근무를 한 듯했다. 옷매무새가 단정한 중년 남자의 반질거리는 이마에선 비누 냄새가 아직 남아 있을 것 같아 상쾌한 느낌이다. 서로에게 아무 관심도 없는 첫차의 객차 안은 날씨 탓에 더욱 썰렁하기만 하다.

혼자 눈을 말똥하게 떠 있기가 어색한 분위기에 눈을 감았다. 난방이 되지 않은 차 안 공기는 몸을 움츠러들게 하고 이따금 정차 역을 알리는 방송만이 적막을 깰 뿐이었다. 얼마의 시간이 흘렀을까. 맞은편 자리에서 부스럭거리는 소리에 실눈을 뜨고 바라보았다. 몸집이 작은 노인이 차 안을 옮겨 다니면서 읽다 버려진 신문지 등을 큰 종이 가방에 담고 있었다. '전철 안에서도 폐지 줍는 분이 계시구나' 하고 다시 눈을 감으려는 순간이었다. 노인이 구부린 허리를 펴며 자리에 잠시 앉을 즈음, 그분의 얼굴에서 낯이 익다는 느낌을 받았다. 나도 모르게 '선생님!' 하고 외칠 뻔했다. 그분은 아버지 같았던 정을 준 나의 중학 시절 스승이었다.

70년대 우리나라에는 산림녹화 사업의 하나로 학생들을 동원해서 송충이 잡기를 했다. 나무젓가락으로 솔가지에 앉은 송충이를 잡아 비닐봉지에 담는 일은 여학생에겐 여간 곤욕스러운 일이 아니었다. 중학교를 입학한 지 얼마 되지 않아 친해진 친구가 없어 산등성이에서 혼자 송충이를 잡고 있었다. 그때 소롯길 따라 사열하듯 피어 있는 참꽃을 보았다. 잠시 송충이 잡기도 잊고 환한 엄마 얼굴 같은 꽃을 따라 산을 오를 때였다. 순식간에 남학생 무리가 참꽃나무들을 무참히 밟고 뛰어갔다. 여린 꽃잎이 떨어지고 가지가 부러졌다. 새순도 돋아나지 않은 나무가 가여웠다. 바닥에 떨어진 나뭇가지를 하나하나 주워서 모았다. 한 움큼의 꽃다발이 되었다. 분홍 꽃을 몇 개 따서 입에 넣었다. 씁쓰름하면서 익숙한 맛에 기분이 좋아졌다.

그 순간, 느닷없이 뺨에 불꽃이 스치는 화끈함을 느꼈다. 순식간의 일이었다. 난생처음으로 뺨을 맞은 것이다. 손자국이 박힌 발개진 볼 위로 눈물이 흘러내렸다. 꽃잎 위로도 눈물이 뚝뚝 떨어졌다. 나무를 꺾었다는 영어 선생님의 꾸지람을 듣고서야 맞은 이유를 알았다. 너무 억울했다. 누가 보지는 않았을까 수치스러운 마음이 아픔도 잊게 했다. 어찌할 바를 몰라 시들어 가는 참꽃만 바라보고 서 있었다. 그때 반듯하게 접힌 파랑 손수건을 건네며 내 어깨를 다독여 주신 분이 계셨다. 국어 선생님이셨다. 억울하고 서러운 마음에 손수건이 다 젖도록 주체 못하고 울었다. 선생님은 자초지종을 물어봐 주셨고 영어 선생님이 오해했다며 사과까지 대신했다. 그날부터 내 가슴속에 참꽃처럼 화사하게 그분이 들어왔다. 언제나 색 바래지 않는 선명한 파란 손수건도 함께 있었다.

국어 선생님이 중학교 2·3학년의 담임 선생님이 되었다. 두 학년의 담임으로 만나게 되어 학교생활이 즐거웠다. 좋은 책을 소개해 읽게 하고, 글짓기 대회에도 나를 내보냈다. 도덕 교과서처럼 모범적인 품행과 인자하신 미소는 아버지에게서는 찾을 수 없는 모습이었다. 농사일로 늘 바쁘신 아버지에게 느낄 수 없는 살가운 정을 선생님을 통해서 알게 되었다. 무엇보다 다정다감한 감성으로 평생 벗할 문학을 만나게 해 주었다. 언젠가부터 내 마음속 허전하던 아버지의 방에 선생님이 대신 들어와 계셨다.

하우스 농사를 짓는 부모님들은 쉬는 날 없이 바빴다. 하교 후에도 집으로 가는 것이 아니라 들로 가 밭일을 도와주는 나를 선생님은 안타까워했다. 한번은 선생님이 자전거를 타고 집에서 멀리 있는 논에까지 오셨다. 나에게 '공부할 기회를 좀 주십사'하고 부모님께 부탁하러 오신 것이다. 멀찌감치 숨어서 지켜보며 선생님이 내 아버지였으면 했다. 그런 선생님을 실망시켜 드리지 않으려고 공부를 게을리하지 않았고, 다른 과목보다 국어 공부를 더 열심히 했다. 마디 굵고 거친 아버지의 손이 아닌 크림빵 속처럼 부드럽고 하얀 그분의 손으로 건네받은 책은 밤을 새워 가면서 읽었다.

졸업 후, 스승의 날이면 간간이 찾아뵙기도 했다. 간혹 들려오는 선생님 근황은 좋은 소식이 아니었다. 아들의 사업자금으로 퇴직 연금까지 다 바닥이 나서 힘들게 지낸다고 했다. 그런 선생님을 초겨울의 새벽 첫차 안에서 뵙게 될 줄이야. 폐지를 줍고 계신 선생님의 손이 유난히 눈에 들어왔다. 분필을 쥔 하얗고 가느다란 젊은 날의 손이 아니었다. 핏줄과 뼈마디만 두드러지게 드러나 있었고 피부조차 시퍼렇게 시려 보였다. 언제나 정갈한 차림의 양복을 입은 모습과는 거리가 멀었다. 유행이 지난 얇아 보이는 점퍼는 낡았고 추워 보였다. 옷차림새에 어울리지 않게 검은 구두가 반짝반짝 닦여져 선생님의 젊은 시절을 보는 듯했다. 왈칵 나오려는 눈물을 애써 참았다. '이 일을 어떡하나? 인사를 드려야 하나 말아야 하나?' 짧은 순간에 스치는 생각들이 마구 뒤엉키며 머릿속이 혼란스러웠다. 선생님의 마음을 편하게 해 드리기 위해서 나는 두 눈을 꼭 감고 말았다. 그 행동이 옳았는지는 아직도 의문이다.

　눈을 떴을 때, 다른 객차로 옮기는 선생님의 새우등처럼 굽은 뒷모습만 보였다. 따뜻한 내 손이 죄스러워 서둘러 장갑을 벗었다. 시려 보였던 선생님의 손이 자꾸 아른거렸다. 장갑을 꼭 쥐고 만지작거리고만 있는 손등으로 눈물이 뚝 떨어졌다. 참꽃 피던 그 여느 봄날처럼….

　나는 선생님의 파란 손수건이 되지 못했다. 무심히 달리는 전철 안에서 내릴 역을 잃고 말았다.

진우도

 사람들은 저마다 섬으로 살아간다. 섬처럼 외롭고 섬처럼 혼자다. 외로워서 더 깊어질 수 있고 혼자라서 자유로울 수 있다. 사는 게 적적하고 슬픈 날이면, 가물가물 떠 있는 섬이 그립다. 홀로 견디는 강인한 숨결과 멀리 떨어져 있는 쓸쓸함을 동경하여 섬을 찾는다. 섬이 많은 사람의 이상향이며 휴식처로 인식되는 이유다.
 섬은 신의 손으로 쌓아 올린 기다림의 공간이다. 섬은 하늘이자, 바다이자, 땅이다. 섬은 물에만 있지 않다. 넓은 들판 한가운데에도 있다. 나무가 전하는 말과 바람이 속삭이는 소리를 귀담아 듣는다. 하늘이 하는 말이 궁금해서 새소리와 풀벌레 소리에 귀를 쫑긋 세운다.
 하늘 아래 숨겨진 섬이 있다. 이름하여 '진우도'라 부른다. 낙동강 하류에 강물이 물어 다 준 모래가 켜켜이 쌓여 형성된 섬이다. 아직도 퇴적이 진행 중이라 해마다 쑥쑥 자라는 섬이다. 둘레가 13킬로미터, 길이 5킬로미터로 부산에서 세 번째 큰 섬이다. 동쪽으로는 신자도, 장자도, 백합등, 대마등의 모래섬과 나란히 하고, 서쪽으로는 눌차도, 가덕도가 손을 뻗치면 닿을 듯 가깝게 있다. 6.25 전쟁고아들을 수용하는 '진우원'이란 고아원이 이곳에 세워지면서 '이점등'으로 불리던 이름이 진우도로 바뀌었다. 1959년 추석날 새벽에 들이닥친 사라호 태풍은 진우원의 아이들을 무참히 삼켜버렸다. 아이들의 웃음소리와 사람들의 발소리가 그치지 않던 섬은 하루아침에 인적 없는 고아섬이 되었다.

가고 싶은 사연이 담긴 섬이었다. 입도가 금지된 무인섬에 갈 수 있는 기회는 좀처럼 오지 않았다. 수십 년 활동하던 들꽃탐사 단체를 앞세워 진우도를 가게 되었다. 배의 시동을 걸자마자 눈 깜짝할 사이에 도착했다. 지척이건만, 그동안 참으로 멀었다. 온순한 바람이 비릿한 물내를 품고 손님을 반겼다. 조금 걸어가니 사람이 살았던 흔적과 마주했다. 우물이다. 여느 마을 어귀에서 만나는 원형의 친근한 우물이다. 녹슨 뚜껑을 이고 있지만, 섬사람들을 먹여 살린 자태를 잃지 않고 있다. 섬조릿대가 엉성하게 사열하고 키 큰 소나무가 드문드문 방향을 알려 주는 섬 안으로 향했다.

진우원의 넓은 마당에 도착했다. 가지치기가 되지 않아 흡사 불꽃처럼 하늘로 마구 치솟은 향나무 한 그루가 눈에 띄었다. 외로운 지킴이처럼 의연했다. 그간의 서러운 울음을 참느라 그랬을까, 그날의 참사를 하늘에 원망하며 대들 듯 목을 빼고 있다. 부피는 늘지 않고 사람 키의 몇 배쯤 키만 자라 있다. 나무둥치를 살며시 쓰다듬었다. 반쯤 누운 모습으로 잡풀이 수북한 곳에 하얀 배꽃이 흐드러지게 피었다. 크기로 보아 진우원 아이들의 먹음직스러운 간식거리가 되지 않았을까. 배꽃 아래에서 꽃처럼 환한 아이들의 웃음을 떠올리며 한참을 서성거렸다.

부모 없는 아이들이 사는 섬은 늘 외롭고 갈증이 났을까. 그 밤의 허기는 아이들을 향한 질투였을까. 명절 전날의 아이들은 평소보다 설레고, 맛난 음식 먹을 기대로 잠을 청했을 것이다. 새벽에 몰아닥친 태풍은 섬으로 배를 채우고 그것도 모자라 수십 명 아이들의 삶까지 삼켜버렸다. 신발조차 남기지 않았다.

허물어진 건물의 미황색 벽은 예비군복 같은 얼룩무늬로 이끼가 끼어 있다. 이 층으로 올라가는 계단은 낙엽과 찌꺼기가 쌓여 계단인지 분간이 가지 않는다. 지붕은 날아가고 몇 가닥의 골재만 남아 하늘을 탓하듯 열려 있다. 일 층 지붕에 몇 장 남은 기왓장 틈새로 피어난 개망초 두어 송이가 어린 영혼을 위로하고 있었다. 녹슨 창틀, 들떠있는 벽, 형체도 분간할 수 없는 스레트 지붕…. 섬은 계절을 잊은 채 슬픔만 보여주고 있다.

섬은 어디에도 바람을 숨길 곳이 없다. 몰염치한 태풍을 단죄하고 싶건만 그날의 모질고 참혹했던 바람은 지금, 이 섬에 없다. 거친 파도는 슬쩍 숨어 버리고 순한 파도만 이방인을 반기듯이 따뜻한 바람을 토해냈다. 4월인데도 인적이 없어서인지 마른 풀이 쓰러지지 않아 겨울 들판처럼 서 있었다. 순간 무인도에서 느낄 수 있는 고요와 평화가 비집고 들어왔다. 쓰러져 있는 마른 풀을 헤집으니 초록 새순이 돋아나고 있다. 섬이 홀로 깨어나 숨고르기를 하고 있다. 외로운 섬은 자신을 살리려 애쓰고 있다.

해변 백사장은 다소곳한 파도가 물결문양의 일정한 패턴을 화인처럼 남기고 있다. 발자국을 남기며 은모래 사장을 걷는 사람을 피해 도둑게들이 황급히 숨는다. 엽낭게가 밀물 때 풍부한 유기물을 먹고 토해 놓은 모래 경단은 해독 불능 상형문자 같다. 포화가 끝난 전장처럼 조금씩 쌓인 모래 경단이 무덤만 한 모래 언덕을 만들어 바람으로부터 해변의 훼손을 막는다.

모래사장에는 고슴도치의 등처럼 좀보리사초, 도깨비사초가 삐죽빼죽 자라고 있다. 땅속 깊이 뿌리를 내려 바람에 날려가지 않으려 발버둥 친다. 묵묵히 각자의 역할을 하는 자연이 놀라울 뿐이다. 사람은 섬을 떠나갔지만, 생물과 식물들이 주인이 되어 진우도를 지키고 있다.

삼 년 뒤, 봄볕이 쟁글거리는 4월에 진우도를 다시 찾았다. 그새 우물 뚜껑은 사라지고 속을 훤히 드러내고 있다. 안은 나뭇가지와 잡동사니 쓰레기만 가득하다. 키 큰 향나무는 홀로 더 씩씩하게 자라 있고, 누군가 작동되는 낡은 시계를 가지에 걸어두었다. 배나무는 변함없이 순백의 꽃을 송이송이 물고 있다. 누구를 기다리다 이미 늙어버렸는지 허리가 땅으로 굽어 이제는 와목이 되어 있다.

우리 일행은 태풍으로 희생된 아이들의 명복을 빌며 묵념했다. 마침 동행한 시인이 쓴「진우도」란 시를 낭독했다. 남다른 감회에 젖은 장본인은 돌아서서 담배에 불을 붙이며 멀리 허공을 바라보고 있다. '진우원' 건물은 3년이 지나면서 더 폐허가 되었다. 그때를 기억해서 찾아오는 이의 추억마저 차츰 허물어지고 있다.

어떤 섬은 외로움을 달래고자 바다 밑에서 육지로 손을 내민다. 파도가 칠 때마다 해안의 경계선까지 손을 뻗친다. 홀로 깨어 있는 외로운 섬. 가슴을 바다에 가두고 사는 섬. 비가 오면 맨살로 젖는 섬. 때로는 홀로 울고 소리치다가 잠드는 섬. 명지바람 부는 날이면 그곳에 가고 싶다. 휘휘한 기분이 드는 날이면 황량한 마른 풀잎이 서걱거리는 진우도에 가고 싶다. 가까이 있지만 더 먼 섬이 되고, 갈 수 없어 더 그리움이 되는 나만의 섬이다. 마음이 허우룩할 때면 진우도가 보이는 해안에서 길게 손을 뻗어 본다. 섬의 손이 닿을 듯 말 듯 하다.

오월, 작약 꽃잎 떨어지다

　초대받았다. '덤으로 사는 인생 한 달을 넘겼습니다. 작은 축하 자리에 참석해서 제 삶에 힘이 되어 주십시요.' 둘째 오빠가 형제들에게 보낸 문자다. 영구 메시지에 저장 버튼을 누른다. 한자리에 모인 형제들이 선물 보따리처럼 웃음꽃을 피운다. 애써 웃고 있는 둘째 오빠의 모습이 생일상을 받은 아이처럼 환하게 밝아진다. 오빠 등 뒤에 기웃기웃 드리운 어두운 그림자를 아무도 말하려고 하지 않았다.

　우리 형제는 유별나게 우애가 좋은 칠 남매다. 내 위로 오빠가 넷, 언니가 둘이다. 나는 흰머리까지 삐죽거리지만, 오빠 언니들에게는 재롱둥이 막내다. 큰오빠 큰언니 다음으로 태어난 둘째 오빠의 성격은 둥글둥글 시원스러웠다. 운동을 무척 좋아해 전국 체전에서 태권도로 메달을 따기도 했다. 남자답게 호탕한 성격 탓에 언제나 친구들을 몰고 다녔다.

　어릴 때의 일이다. 추수하고 덜 마른 나락은 멍석에다 다시 말려서 가마니에 담았다. 그때 지게 작대기를 가마니에 꽂고 좌우로 흔들면 빈틈없이 나락이 담겼다. 오빠는 그 작대기를 향해 발차기 하고, 높게 날아올라 뛰어넘기도 했다. 그 모습을 지켜보는 나는 오빠가 중국 무술영화의 주인공보다도 더 멋있게 보였다. 발차기를 잘못 날릴 때는 힘들게 담아 놓은 나락 가마니가 쏟아져서 마당의 흙과 뒤섞였다. 이 광경을 본 아버지는 눈물 날만큼 심하게 오빠를 야단쳤다. 그날 저녁, 아버지 옆에 바싹 붙어 앉아 너스레를 떨며 밥을 먹는 오빠를 보았다. 나라면 밥은커녕 며칠 동안 아버지와 말도 안 했을 것이다.

오빠는 동생들 학업을 걱정해 대학도 포기하고 일찍 경찰 공무원이 되었다. 제복 입은 오빠는 멋졌다. 서울 구경을 시켜준다며 양쪽 귀 언저리를 잡아 올려서 치켜드는 장난을 잘 쳤다. 어쩌면 막내의 어리광까지 잘 받아주면서도, 담장 너머 세상을 빨리 알게 해 주었는지 모르겠다.

현실에 안주하지 않고 미래를 위해 자신을 발전시키는 노력도 게을리하지 않았다. 칠전팔기로 공인중개사 자격증을 취득하고, 노후의 조용한 산사 생활을 꿈꾸며 법사法師 공부도 마친 상태였다. 명절이면 형수와 제수들에게 야한 팬티 선물을 내밀었다. 부끄럽고 민망하다며 낯이 발개져도 누구에게나 인기 만점이었다. 약방의 감초처럼 오빠가 빠진 자리는 재미가 없었다. 구십이 넘은 엄마의 무르팍을 베고 눕기도 했다. 건포도처럼 쪼그라든 젖을 만지작거리면 엄마는 손사래를 치며 밀쳐냈지만, 그런 오빠가 다른 자식보다 정이 많다고 자랑했다.

젖동냥으로 자란 나는 늘 병약했다. 영양실조에 걸린 아프리카 아이마냥 배만 복어같이 볼록했다. 어느 날부터 오빠는 학교를 마치고 산으로 가기 시작했다. 황금색을 띤 오동통한 산개구리를 잡아 날랐다. 고기를 잘 먹지 않던 나는 그 개구리가 삶아지는 동안은 냄비 앞에서 '꼬끼야'를 외치며 기다렸다 한다. 오빠가 잡아 온 개구리의 뒷다리처럼 내 볼기짝에도 살이 오르고서야 개구리 잡기를 그만두었다고 한다. 어른이 되어서도 심심찮게 들었던 산개구리 이야기는 오빠를 더욱 각별히 대하게 했다.

그런 오빠가 대장암 선고를 받았다. '종전 진찰 결과와 별 차도가 없이 영양수액만 주사 후, 화요일 퇴원 예정입니다.', '의사가 통계학적 선을 넘었고 더 이상 암세포 증식이 없다고 희망적인 소식을 전합니다.' 오빠가 보내는 문자는 절망과 희망의 시소를 타며 육 남매의 핸드폰을 울렸다. 수술 후 항암치료로 머리카락이 빠지고 체중이 줄고 눈에 보이는 변화가 많았지만, 죽음이 비집고 들어올 틈은 없었다. 병에 대한 지식을 익히며 철저히 자기관리를 해 나갔다.

안심은 기우였다. 한 번의 수술로 끝나리라는 희망은 네 번의 수술로 이어졌다. 끝내 병원에서 의학적인 생명 연장을 포기했다. 병원 생활을 접고 나올 때 "간호사님, 저 살아서 다시 올게요."

하며 씩씩하게 외치는 인사에 누구도 눈물조차 보일 수 없었다. 고향 집 가까운 곳에 황토방을 짓고 거처를 마련했다. 자연과 함께 남은 생을 정리하고 싶은 오빠의 뜻이었다.

그때까지도 비밀로 했던 아들의 암 소식을 구순 노모에게 알렸다. 식구들은 엄마의 충격을 더 걱정했다.

"내 앞에 절대로 자식을 앞세우지 않는다. 내가 꼭 살릴 끼다."

속울음을 참으며 드러내는 엄마의 모습은 의외로 처연했다. 엄동설한에 새순도 돋아나지 않은 쑥을 캐서 매일 아침 즙을 내 갖다 날랐다. 믹서기에 갈면 해롭다며 손수 돌로 빻아 만든 정성에 오빠는 울음을 삼키며 넘겼다. 맨손으로 즙을 짜서인지 피부색은 외계인 같았고 엄마의 손은 꽁꽁 얼어 있었다. 병에 좋다는 약초를 캐느라 손톱은 문질러졌다. 나무껍질같이 튼 손을 붙잡고 만류했지만 죽어가는 자식을 지켜보는 노모의 결심은 청정하고 완고했다. 잠시 병세가 호전되었다. 아들을 살리겠다는 엄마의 바람이 하늘에 닿은 듯했다.

잠들기가 힘든 밤은 터널 속처럼 캄캄하고 길다고 했다. 하물며 통증은 유독 밤에 더 심해졌다. 형제들은 당번을 정해서 오빠의 밤을 같이 보내기로 했다. 혼자서 힘든 고통 속에 놓여 있다는 두려움을 덜어 주고 싶어서다. 주위에서는 보기 드문 형제애라 부러워했다. 다들 직장 생활로 밤 당번이 힘들지만, 오직 하나의 염원으로 견디었다. 오빠를 살리는 일이라면 무엇도 마다하지 않을 자세였다.

"내가 아프지 않았다면 우리 엄마랑 언제 이렇게 살아 봤을까?"

'환자인 내가 엄마를 돌본다'고 허세를 떨며 형제들을 멋쩍게 웃기기도 했다. 과일 한 조각을 먹으면서도 '내 생애 마지막 사과다'라며 의미를 부여했다. 진통제로도 진정되지 않는 고통이 올 때는, 어린 시절 이야기를 해 달라고 했다. 그 순간만은 고통을 참아내기가 수월하다 한다. 온몸에 전이된 암 덩어리가 고목 나무의 옹이처럼 곳곳에서 만져졌다. 며칠 동안 변을 보지 못해 입으로 토를 했다. 오빠의 죽음이 당겨진 활의 시위처럼 팽팽했지만, 누구도 입 밖으로 내뱉지 못했다. 급기야는 진통제로도 다스려지지 않는 통증이 계속 이어졌다. 그래도 오빠는 애써 웃었다. 인간의 한계를 뛰어넘는 고통을 참아내는 모습에 온전한 희망만 있다고 믿고 싶었다.

토방의 벽에는 '덤 인생 며칠째'라는 정갈한 종이가 걸려 있었다. 오빠는 매일 아침이면 날짜를 더해가며 덤 인생을 감사하게 여겼다. '덤 인생 한 달 축하 파티에 꼭 참석해 주십시오. 덤 인생 두 달 파티는 못 할 수도 있습니다.' 오빠다운 문자가 왔다. 몇 달이고 몇 년이고 받고 싶은 초대장이다. 마지막이 될지 모르는 축하 파티에 노래도 부르고 춤도 추며 박수를 보탰다. 우리 형제들은 희망을 이야기하기에는 너무 늦었다는 것을 알고 있었다. 오빠의 몸은 가자미처럼 야위었지만, 정신만은 봄날의 새순처럼 파릇해져 갔다.

붉은 작약 꽃잎이 뚝뚝 떨어지는 오월, 오빠는 눈을 감았다. 아카시아 향기가 향수병을 부어 놓은 듯이 진동하던 그날, 꽃향기를 따라 하늘로 올랐다. 정정하던 엄마가 겨울 낙엽처럼 바스락거리며 삭아갔다. 물기 잃은 잎처럼 우리 형제들도 시들어 갔다. '내가 먼저 가면 아부지가 몽둥이로 때릴 낀데 안 맞으려면 살아야겠지.' 이 마지막 내용을 보내고 오빠의 문자는 더 이상 오지 않는다.

오빠의 산소로 가는 길섶에는 올해도 오월의 작약 꽃잎이 흐드러졌다.

"오빠야, 아부지가 몇 대 때리드노?"

오빠의 너털웃음이 들려오는 듯하다.

콩잎 김치

 오일장 날이다. 추적추적 내리는 비 때문인지 시장통이 한산하다. 임시로 쳐 놓은 흰색 비가림막이 초상집 차양만큼 쓸쓸해 보인다. 비에 젖어 팔팔 살아난 좌판 콩잎은 반백의 등 굽은 노점상 할머니의 표정과 사뭇 대조적이다. 노심초사하는 애절한 눈빛과 마주쳤다. 물건을 권하기도 전에 떨이를 자처했다. 금세 표정이 파릇한 콩잎처럼 살아나면서 할머니가 활짝 웃으신다.
 콩 이파리로 물김치를 만들 참이다. 잘 익은 콩잎물김치는 한여름 장마맛을 낸다. 시큼하면서도 알싸한, 지린내 같은 곰삭은 냄새가 장마의 퀴퀴한 냄새와 닮아 있다. 한사발 들이키면 지리도록 눅진해진 공기를 개운하게 헹구는 듯하다. 내 몸속 모든 세포가 일어나 무더위와 한판 붙을 채비를 하게 한다. 하찮은 음식 하나로 폭염 계절과 맞서다니. 시장 구석을 뒤지고 시골 장을 헤매어 콩잎을 손에 넣어야, 비로소 나의 여름맞이 준비는 끝난다.
 흔히 우리의 마음은 심장에 깃들어 있다고 말한다. 곰곰이 생각하니 마음은 위장에 진을 치고 살지도 모른다는 생각이 든다. 지치고 힘들었을 때, 위로의 말 한마디 보다 따뜻한 밥 한 끼나, 입에 맛 든 음식이 들어가면 금방 마음이 생기를 찾는다.

'밥은 먹고 다니냐'라는 예능 프로그램이 있다. 세 아이를 둔 젊은 여자는 말기 암을 선고받았다. 엄마의 마음을 담아 내놓는 따뜻한 밥상 앞에서 그녀는 목 놓아 울고 말았다. 음식은 사람에게 에너지와 함께 마음에 굶주린 정을 주므로 단순한 섭취만으로도 기적 같은 효과를 낼 수 있다.

고통과 좌절의 시간을 견디는 힘도 준다. 음식을 사람들과 함께 나누면, 위로와 치유의 시간을 만들어 낸다. 서로의 경계를 허물게 한다. 음식을 빌미로 만남이 이루어지기도 하고, 음식 끝에 마음 상한다는 옛말처럼 관계가 뜸해지기도 한다. 소원하고 어색할 때 '언제 밥 한번 먹자'는 뻔한 거짓말을 해도 밉지 않다. 웃어른을 만나면 '안녕하세요' 보다 '식사하셨어요'라는 인사말이 더욱 정감 있게 들린다. 이렇듯 음식은 사람의 오감을 자극하기에 부족함이 없는 것 같다.

누구에게나 그리워지고 잊을 수 없는 음식이 있다. 대부분 엄마가 해 주는 따뜻한 밥상이 떠오를 것이다. 옛날에는 먹거리가 귀했고 양념 또한 다양하지 않았다. 엄마들은 솜씨가 뛰어난 요리사도 아니었지만 우리가 힘들고 지치고 서러울 때 엄마의 한 끼 밥상이 큰 힘이 되었다. '맛' 때문이 아니라 '정'이 담긴 밥상이 귀해서인지 모르겠다. 요즘은 아랫목에 묻어 둔 따뜻한 밥공기가 사라지고, 마트 선반 위에 '햇반'이라는 이름표를 단 채 놓여 있다. 스스로 데워 온기를 불어넣지만, 아랫목의 뜨끈한 정을 따라 올 수 없다. 화려하고 먹음직한 메뉴와 식감 있는 요리법이 홍수처럼 넘쳐난다. 하지만 수수하고 때깔마저 보잘것없었던 추억의 음식에 비길 수 없다. 허겁지겁 맛나게 먹어도 언제나 속 한켠이 채워지지 않는 공갈빵처럼 허전함을 느낀다.

나에게 힘이 되는 음식은 콩잎 반찬이다. 여름이면 열무김치에 버금가는 물김치가 그것이며, 된장독에 박아놓는 콩잎장아찌도 파릇한 향내를 품고 삭혀진다. 가을에 단풍 콩잎으로 담그는 김치는 특유의 콤콤한 군내가 혀끝을 더 자극하며 구미를 당긴다. 위장 속에 깃들어 있던 풀 죽은 마음이 환하게 밝아지며 잃었던 생기를 찾게 된다. 엄마의 향기가 나는 음식이기 때문이다.

일주일간 강원도 여행을 했다. 무리한 일정으로 몸과 마음이 지쳐있던 마지막 날이었다. 점심때를 넘긴 시간이라 대충 한 끼를 때울 참이었다. 허름한 시골 장터는 나만큼 나른했다. 쌍둥이처럼 비슷하고 이름만 다른 식당이 즐비해 있었다. 내 눈을 반짝이게 하는 간판 앞에 멈추었다. 길서방네인 한 친구 얼굴이 떠올라 '길서방네'라는 음식점으로 주저 없이 들어섰다.

60대의 주인아주머니가 구수한 강원도 사투리로 반긴다. 기대 없이 주문하고, 뷔페식으로 차려 놓은 반찬 앞으로 갔다. 순간,

접시로 입을 가리고 아줌마 한 번, 반찬 한 번 번갈아 쳐다보았다. 예닐곱 가지의 찬들이 보는 것만으로 침샘이 솟았다. 반듯이 자른 두부에 계란을 입히고 구워서, 파 송송 다져 넣고 참기름 양념장을 위에 곁들여 놓았다. 단순한 두부 요리인데 하얀색, 노란색, 파란색의 조화가 어우러져 건사한 미술작품을 보는 것 같다. 비릿한 내음을 불길로 살짝 잡고, 향긋한 바다의 향을 온전히 담은 마른 김도 색달랐다. 감자조림은 무심한 듯 둠벅둠벅 썬 모양에 과하지 않은 양념이 들어갔건만, 그 맛이 어디쯤에서 오는지 가늠이 되지 않았다. 그 옆에 단짝처럼 놓인 땅의 향기를 물씬 풍기는 달래장이 조화롭다. '아! 내가 봄의 계절에 살고 있구나' 이 음식이 단번에 알려주고 있었다. 엄마가 해 주던 딱 그 맛이라며, 동행한 친구는 눈물까지 찔끔거리며 몇 번을 더 퍼 날랐다. 어느 반찬 한 가지라도 정성스럽게 조리되지 않은 게 없었다.

아주머니는 설거지하는 주방에서 눈길은 손님 쪽으로 신경을 쓰고 있었다. 34년을 밥 지으며 오직 손님이 잘 먹는 게 보람이라고 했다. 멀리 부산서 왔다는 말에 젖은 손을 앞치마로 닦으며 콩잎장아찌를 황급히 들고 나왔다. 아마도 경상도 사람들이 콩잎 요리를 즐겨 먹는다는 것을 아는 듯했다. 특별한 대접이었다.

잘 삭은 콩잎은 깊고 진한 맛이 났다. 된장독에 박아놓은 장아찌를 먹으니 여름 내내 상에 올랐던 엄마의 반찬이 떠올랐다. 밥상머리에 앉아서 좋아하는 음식, 귀한 음식을 먹일 욕심에, 이 접시 저 접시 들이밀며 챙기던 엄마가 보였다. 집밥이 생각나는 여행길에 나타난 엄마가 분명했다. 토닥토닥 등 두드려 주지 않아도 '길서방네'의 밥상은 나를 위로하기에 충분했다. 문밖까지 배웅하는 그 분의 선량한 눈빛은 어쩌면 이 땅 모든 엄마의 눈빛을 닮아 있었다.

콩잎물김치가 골콤하게 잘 익었다. 오랫동안 병상 생활을 하는 친구가 있다. 내 콩잎물김치를 먹기 위해서 일 년을 버틴다는 농담을 한다. 아무렴 나의 서툰 반찬이 누군가의 엄마 향기를 흉내라도 낼 수 있다면 좋겠다. 친구한테 가기 위해 한 통 가득 물김치를 눌러 담는다.

피임약 많이 사 줄게

영춘화가 이른 봄 향을 풍긴다. 병든 병아리처럼 스르르 눈이 감기는 춘곤증을 쫓아낼 길이 없다. 때마침 핸드폰의 카톡이 울린다. 내용을 확인하는 순간 감기던 눈동자가 안경 밖으로 튀어나올 것 같다. 온몸의 세포 하나하나가 일제히 물구나무를 서듯 거꾸로 역류한다. 딸이 보내온 문자 내용은 정신을 번쩍 일으켜 세웠다.

여자들이 아기 낳은 이야기는 꼬리연처럼 길고 다양하다. 남자들의 군대 이야기나 장사꾼이 어쭙잖게 돈 번 이야기만큼 장황하며 흥미진진하다. 나도 딸아이를 낳은 그때로 돌아가면 한껏 상기된 수다쟁이가 된다.

임신초기부터 착상이 불안하다는 의사 선생님의 진단이 내려졌다. 정기 진찰을 받을 때마다 절대안정이 필요하다며 휴직을 권유받았지만 주변 여건이 그러지를 못했다. 직장을 다니면서 어떻든 버텨야 했다. 마음은 초조하고 불안했지만 잦은 출혈이 계속되어 주사까지 맞아가며 견뎌야 했다.

임신 7개월째 어느 날 밤이었다. 온몸이 따뜻한 물침대에 누운 듯한 온기에 눈을 떴다. 내 몸에서 나온 붉은 피가 그림자처럼 이불을 적시고 있었다. 난생처음 구급차에 실려 수술실로 직행했다. 마취 선생님의 "살아서 다시 만나요"라는 이승에서 듣는 마지막 작별 인사 같은 목소리가 어렴풋이 들렸다. 칠삭둥이 딸이 세상 밖으로 나왔다.

응급 수술 후 사흘 만에 아이를 보았다. 형광등 불빛이 밤낮으로 켜져 있는 신생아 중환자실의 인큐베이터 안이었다. 음료수 페트병 크기로 태어난 아이의 몸무게는 고작 1.4킬로그램이었다. 눈, 코, 입이 제자리에 있기는 하나 오래 갖고 놀다 망가진 인형 얼굴처럼 작고 볼품이 없다. 손과 발이라고 하기보다 닭발과 흡사했다. 검붉은 피부색은 깃털 없는 새끼 새의 피부와 비슷했다. 실핏줄과 뼈만 드러나 보이는 앙상한 발목에는 내 아이임을 증명하는 명찰이 달려있다. 세상을 나오자마자 엄마가 준 고행의 징표 같아 가슴이 미어졌다.

의료 장비들이 아이의 희미한 호흡을 지키고 있다. 숫자와 그래프의 움직임이 생명 등대의 불처럼 반짝이고 있다. 비 온 뒤의 웅덩이처럼 함몰된 가슴 언저리에서는 심장이 겨우 불규칙하게 팔딱거리고 있다. 금방이라도 멎을 것 같아 바라보는 마음이 한없이 졸아들었다. 젖 한 방울 물릴 수 없이 지켜보는 내내 투명한 유리벽만 더듬으며 바름바름 아이를 살폈다.

한 달 만에 아이를 처음 품에 안았다. 출산 당시 뇌에 산소공급이 원활하지 못해 뇌병변 장애아가 될 가능성이 높다는 의사의 말은 애써 잊기로 했다. 종이 인형처럼 바스락 부서질 것 같아 만지는 것마저 조심스러웠다. 보통의 아이들이 뒤집기를 할 때 겨우 목을 가누고, 모두가 걸음마를 할 때 첫 뒤집기를 했다. 평범한 아이로 자라기 힘들다는 진단이 뇌리에 남아, 아이의 어쭙잖은 행동도 가슴 뛰게 하는 특별한 기쁨이었다. 아이는 쟁글거리며 잘 자라줬다.

돌잔치에 헐렁한 백일복을 입어야 했던 아이가 자라 초등학교에 입학했다. 덩치가 작을 뿐이지 몸가짐은 나볏했다. 첫 운동회 날, 100미터 달리기 출발선에 선 아이를 결승점에서 지켜보고 있었다. 또래 아이들과 나란히 서 있는 모습만도 금메달을 따고 귀국하는 국가대표선수처럼 장해 보인다. "탕!" 출발 신호에 같이 뛴 친구들이 결승점에 도착했다. 뒤를 이어 출발한 아이들도 결승점에 들어왔다. 딸아이는 아직 뛰고 있다. 결승점에서 지켜보는 엄마를 향해 걷는 듯 뛰는 듯 달리고 있다. 엄마가 지켜보고 있다는 믿음은 아이를 끝까지 포기하지 않고 뛰게 만들었다. "이 엄마는 아이가 일등이라고 눈물까지 흘리네." 주위에서는 아이가 빨리 뛰어온 줄 알았다. 아이가 결승점을 밟은 것이 일등보다 더한 값진 승리였고, 이제 마음의 짐을 놓아도 되는 안심선을 통과한 것이었다.

피임약을 사 달라는 딸의 문자였다. 두 달 치의 약을 부탁한다는 내용까지 보탰으니 기가 찰 노릇이다. 대학을 입학하고 남자친구가 생긴 것 같아 집에 들어오는 시간도 신경이 쓰이던 참이었다. 격의 없이 개방적으로 키웠다지만 엄마에게 피임약을 사 달라는 소리는 머리를 한 방 갈기는 폭탄이었다. 어안이 벙벙했다.

딸은 대학입시를 앞두고 스트레스가 심해서인지, 호르몬의 균형이 깨져서인지 얼굴에 여드름이 나기 시작했다. 예사로 여겼지만 정작 본인은 예민하게 신경을 썼다. 짬을 내 피부과 진료를 받았다. 의사는 큰 이상이 아니라며 피임약을 몇 달 복용하라는 처방을 내렸다. 여학생에게 피임약이라니 싫어 귓등으로 흘려 버렸다. 아이는 대학생이 되고 증세가 심해져 그때 처방이 생각나 엄마에게 피임약을 구해 달라 한 것이다. 그 일을 까마득히 잊고 지낸 나는 머릿속이 실타래처럼 엉켰다. 그때부터 딸과 눈도 마주치지 못하고 깊은 시름에 잠겼다.

여러 날, 밤잠을 설쳤다. 하루하루 딸이 임신한 상상에 이르자 더는 견디지 못해 대화를 자청했다. 조금의 드팀새도 주지 않고 몰아세웠다. 빚을 독촉하는 사람처럼 두서없이 다그쳤다. 딸은 그런 엄마를 어이없이 바라보며 헛웃음으로 응대했다. 자초지종을 따지다 보니 지난날 의사가 처방한 기억이 났고, 전세는 확 바뀌어 기세등등하던 엄마가 고양이 앞의 쥐 꼴이 되어 버렸다

"엄마는 딸을 그렇게 못 믿어?"

비수처럼 날아오는 한마디가 가슴에 꽂혔다. 믿음은 객관적인 이성에 기반하지 않으므로 항상 자기 의심을 수반할 수밖에 없다. 아이의 달리기가 생각났다. 주위 친구들의 놀림도 운동장에 있는 많은 사람의 시선도 두렵지 않았던 것은 엄마의 믿음이었다. 결승점에서 자신을 기다리는 엄마를 위해 아이는 힘든 걸음걸음을 앞으로 내디뎠다. 그렇게 최선을 다해 뛰었다. 그런 아이를 허릅숭이로 보고 온갖 상상과 나쁜 행동으로 몰아간 염치없는 엄마였다. 온전한 믿음으로 아이를 보듬지 못했을까. 신뢰는 신용카드의 포인트 같이 쓸수록 쌓이는 것인데, 신뢰가 하찮게 무너지는 순간이었다. 닭똥같이 눈물 흘리는 아이를 꼭 안아주는 것밖에 할 것이 없다.

"피임약 많이 사 줄게!"

딸의 울음은 오랫동안 잦아들지 않았다.

대구탕과 돈가스

간만에 용두산 공원을 찾았다. 힘들게 걸어서 올랐던 계단이었는데 에스컬레이터를 타고 수월하게 올랐다. 좌우에 설치된 미술품에 시선을 뺏길 틈도 없이 금세 공원에 도착했다. 부산 앞바다를 수호신처럼 내려다보고 있는 이순신 장군의 동상은 여전히 위풍당당하다. 백산 안희제 선생의 흉상, 충혼탑, 부산시민헌장비. 공원을 지키고 있는 것들은 변함없이 그 자리에 있다. 한가롭게 거닐던 내 발길은 꽃 시계탑 앞에서 멈췄다.

대학교 이 학년 여름방학이었다. 별 계획 없이 여름의 권태와 씨름하고 있는데 친구로부터 급한 연락을 받았다. 후줄근하게 목이 늘어난 티에다 집안에서 대충 입던 청바지를 입고 나갔다. 미팅에 여자 한 명이 못 나오게 되어, 대타로 불려 나온 사실을 약속 장소에 도착해서야 눈치챘다. 잔뜩 멋을 낸 여자들 틈에 끼어 있자니 조금 위축되기도 했고, 상황 설명을 해 주지 않은 친구가 원망스럽기도 했다.

남자 파트너와의 만남은 서툴게 시작되었다. 그는 화장한 여자의 얼굴처럼 뽀얗고 여리게 보였다. 하얀 손가락이 찻잔을 쥘 때는 내가 관리하는 실험실 흰쥐의 발가락이 생각 나 혼자 키득거렸다. 그는 서울 Y대학 공대를 다니는 학생이었다. 시큰둥하게 앉아서 그 자리를 떠날 궁리만 하고 있던 나는 어느새 그 분위기 속에 스며들고 있었다. 그와 함께 생각지도 않았던 해운대로 향했다.

부산에 살면서도 동백섬을 간 것은 처음이었다. 지금처럼 도로 정비가 되지 않은 80년대 초 그곳의 길은 험했다. 울퉁불퉁 돌계단을 오를 때, 그는 뒤뚱거리며 넘어지려고 하는 나를 몇 번 잡아 주기도 했다. 여태껏 그때만큼 심장이 큰소리로 뛰어 본 적이 없었다. 쿵쿵! 방망이 치는 소리가 혹여 그 남자에게 들리지는 않을까, 멀찍이 떨어져 걸으려는 나를 자꾸 잡아당겨서 보조를 맞추었다. 최치원 선생의 동상 앞에 나란히 앉아 많은 이야기를 나눴다. 문과적인 성향이 강해서 국문학을 전공하고 싶었다는 그와 이야기가 잘 통했다. 망치 소리에 가까운 심장 소리는 잦아들지 않았고, 자꾸만 그에게 넘어지려는 마음을 일으켜 세우느라 진땀만 흘리고 있었다. 한여름 모기의 극성이 청바지를 뚫고 공격했다. 따갑고 간지럽기까지 했지만 움직이기는커녕 '모기가 문다'는 말조차 하지 못했다. 솜사탕처럼 부드럽고 달콤한 서울 말씨의 그에게 투박한 경상도 아가씨는 점점 빨려 들어가고 있었다.

해변으로 어둠이 내려앉을 즈음, 우리는 저녁을 먹으러 갔다.

양식과 한식을 겸하는 음식점이었다. 주문서를 들고 온 종업원이 메뉴판을 내민다. 쭉 훑어가던 내 눈에 또렷이 들어오는 메뉴를 주문했다.

"생대구탕 주세요."

잠깐 난처한 기색이 역력해 보이던 그는 돈가스를 주문했다. 연이어 종업원이 생대구탕은 철이 지났으니 다른 음식으로 주문하기를 권했다. 그때라도 나는 그와 같은 메뉴인 돈가스로 바꾸어야 했는데. 평소 익숙하게 먹던 대구탕이 그저 반갑기만 했다. 첫 만남의 어색한 분위기조차 파악하지 못하고 눈치 없이 다시 뱉은 말은 "그럼 생대구탕 말고 대구탕으로 주세요."

세상에나, 미팅에서 처음 만난 남자 앞에서 대구탕을 시키는 여자가 그리 흔치 않다는 것을 세월이 많이 흐르고서야 알았다. 사오십 대 아저씨들의 해장으로 시킬법한 음식을 여대생인 내가 겨울철도 아닌 여름에 시켰으니 어찌 생각했겠는가. 주문받던 종업원의 떨떠름한 표정이 지금에야 이해가 된다. 대구탕을 먹어 본 적 없어 주문 못했다고 남자는 연신 미안해했다. 돈까스를 시킨 것이 어디 미안해할 일인가. 대구탕을 잘 먹는 부산 여자를 생경하게 바라보며 뽀얀 서울 남자는 나이프로 돈가스를 천천히 썰었다.

다음 날, 우리는 다시 만났다. 남포동 무아 음악다방으로 기억한다. 서로에게 들려주고 싶은 음악을 신청하기로 했다. 메모지를 DJ 앞에 내밀었다. 손님이 뜸해서인지 신청한 곡이 곧바로 흘러나왔다. 그는 비틀스의 'Yesterday' 나는 짐 크로스의 'Time in a bottle'이란 곡을 신청했다. 그저 좋은 노래로만 알았던 곡이, 그날은 우리 두 사람 속으로 의미를 품고 다가왔다. 그는 노래를 다 듣고서 "내일부터 병 속에 시간을 같이 넣어 가자"라는 말을 했다. 일순간 그가 어느 멜로 영화의 주인공보다 멋져 보였다.

다방을 나와서 붐비는 광복로를 지나 용두산 공원으로 향했다. 힘들게 계단을 오르는 내내 그는 나를 신경 쓰는 눈치였다. 간간이 손을 잡아 주고는 황급히 놓기도 했다. 나는 당황한 기색을 했지만, 싫지 않았다. 그렇게 도착한 용두산 공원은 한낮 더위를 먹은 수양버들 잎처럼 모든 것들이 지쳐 늘어져 있었다. 이순신 동상마저 칠월의 열기에 장군의 용맹을 잃고 있었다. 시계탑 앞에 선 우리는 누가 먼저랄 것도 없이 손을 잡고 있었다.

"혹시라도 우리가 못 만날 상황이 되면 첫눈 오는 날 12시에 여기서 만나자."

요즘 유행하는 가요 〈안동역에서〉의 가사 내용을 그때 그가 던졌다.

다음 해 여름까지 우리의 편지는 바통 달리기처럼 이어졌다. 남의 집에 세 들어 사는 오빠 집에서 생활하던 나는, 이사를 하게 되어 주소가 바뀌었다. 분명히 바뀐 주소를 알려 주었는데, 소식이 끊겼다. 훗날 그가 내가 살던 옛집으로 수십 통의 편지를 보냈다는 것을 알았다. 그러나 다시 인연을 잇기에는 무심한 시간이 많이 흐른 뒤였다.

그때 이후 용두산 공원을 오랫동안 찾지 않았다. 하얀 목련꽃을 머금은 달빛이 순하게 곱다. 도심의 빌딩 사이로 수줍은 반달이 빼꼼히 내려다본다. 그 여름날의 정경과 사뭇 다른 이른 봄밤의 공원은 꽃향기로 그윽하다. 새하얀 꽃그늘 아래 연인 한 쌍이 다정히 그네를 타고 있다. 한참이 지나도 떠날 줄을 모른다. 저들도 지금 어떤 꿈같은 약속을 하고 있을까. 꼭 이루어졌으면 좋겠다.

저녁 날씨가 제법 쌀쌀하다. 생대구탕이 생각난다. 그 남자는 아직도 대구탕을 못 먹을까.

오동나무 다탁茶卓

지난 추석, 친정집에서 낯익은 물건을 발견했다. 비가 내리는 마당 텃밭의 울타리로 쳐진 큰 널빤지였다. 돌아가신 할머니가 기름칠까지 하며 소중히 다루던 오동나무 널빤지였지만, 식구 누구도 그것의 용도나 사연을 아는 사람은 없었다. 두 짝만 남아 있었다. 빗기를 머금어 윤기라고는 없고 헤져서, 주름진 채 늙어가던 할머니 얼굴을 보는 듯했다. 서둘러 집안으로 옮겨 놓았다.
할머니의 친정은 지금의 부산 강서구 조만포라는 곳이다. 할머니는 자식을 낳지 못했다. 열여섯에 시집와서 3년 뒤, 병약한 할아버지가 후사도 없이 세상을 떠났다. 남들처럼 신랑이랑 사랑 한번 나누지 못하고 과부가 된 것이다. 아버지는 할아버지의 형님 아들로, 양자로 들여와졌다.
오랫동안 병석에 계신 할머니의 친정엄마를 뵈러 갈 때면 나를 꼭 데리고 갔다. 어린 마음에 이해가 되지 않았지만, 생각해보면 자식이 없으니 손녀라도 앞세우고 싶은 마음이었을 것이다. 나는 할머니 친정을 외갓집보다 더 자주 드나들었다. 그때의 할머니 심정이 지금에서야 헤아려진다.

예부터 시골에서는 딸을 낳으면 오동나무를 심었다. 오동나무는 목질이 가볍고 연하면서 뒤틀리지도 않아 가공하기 쉽다. 무늿결이 아름다워 가구 만드는 데 쓰인다. 수분이 많은 땅에 심어 놓으면 성장 속도가 빨라, 딸아이가 시집갈 때쯤 베어서 장롱을 만들기에 적당했다.

외증조할아버지도 할머니를 낳고 우물가 양지바른 곳에 오동나무 한 그루를 심었다. 나무는 쑥쑥 잘 자랐지만, 외증조할아버지는 할머니가 시집가는 것도 못 보고 세상을 떠났다. 오동나무는 할머니의 혼수 재료가 되지 못하고, 외증조할아버지를 대신해서 어린 과부가 된 할머니를 묵묵히 지켜봐 왔다. 아름드리 큰 나무가 되었을 즈음 할머니 연세도 쉰이 넘어있었다.

내가 열 살 무렵의 어느 날이었다. 아침부터 할머니 친정집이 부산스러웠다. 멀리서 새벽같이 달려온 큰집 꼴머슴 승복이가 보였다. 마당에는 향긋하면서도 비릿한 냄새를 풍기는 널빤지가 새끼줄에 묶인 채 리어카에 실려 있었다. 어느새 오동나무를 베어 제재소에서 판자로 만들어 놓은 것이다. 연필을 깎으면 드러나는 속처럼 뽀얀 판자들이 햇살에 눈부신지 숨을 곳을 찾는 듯했다. 할머니는 나무를 베어 장롱을 만들지는 못했지만, 마음속으로는 더욱 소중하게 쓰실 작정을 하셨던 게다.

"함부로 다루어서는 안 되는 물건이다. 조심히 운반해서, 뒤 안에다 가마니로 잘 덮어두어라."

할머니는 꼴머슴 손에 천 원짜리 두 장을 쥐여 주면서도 안심이 안 되는 눈치였다. 나더러 널빤지가 땅에 떨어지지 않게 뒤에서 밀며 따라가라 했다. 할머니는 연신 널빤지만 두 손바닥으로 쓰다듬는데 정신이 팔려, 삼십 리 길을 걸어가야 하는 어린 손녀 따위는 안중에 없어 보였다. 초가을이라지만 여름 늦더위가 비포장 신작로를 뜨겁게 데웠다. 리어카를 끌기에는 먼 길이었다. 바닥이 닳은 고무신이 자꾸 벗겨지고, 다리는 모래주머니를 달고 걷는 것처럼 무거웠다. 구부려서 리어카를 밀고 가자니 허리도 끊어질 듯 아팠지만, 향긋한 나무 냄새가 나를 위로했다. 한나절 내내 길을 걸으며 나에게 힘을 준 오동나무 향기가 지금도 잊히지 않는 할머니 냄새로 남아 있다.

할머니는 널빤지를 동백기름으로 자주 닦으셨다. 조롱박 속처럼 하얀 널빤지가 가을볕에 잘 익은 알밤처럼 윤기를 냈다. 오촌 아재가 아지매 손목시계를 사 온 날에도, 친하게 지내던 무당인 평양댁의 아들이 취직된 날에도, 할머니는 널빤지에 기름칠 하느라 바빴다. 긴 한숨으로 덧칠까지 하셨다.

"영감, 내가 장롱 안 해 왔다고 혼자 두고 갔소. 아버지는 장롱도 안 만들어 주고 일찍 저 세상 가뿌고. 이제 내 손으로 나무 옷 만들어 입고 영감한테 갈라요."

어느 날 판자를 만지며 하는 넋두리를 듣고서야 그 널빤지의 용도를 알았다. 두 분이 함께 살았다면, 오동나무 장롱 속에는 바지저고리와 치마저고리가 들어갔을 것이다. 복을 비는 오방주머니도 있었을 게다. 장롱 바닥에는 일부종사 백년해로를 염원하는 혼서지를 깊숙이 넣어 두었겠지. 하지만 할머니는 비단옷이 아닌 자신의 육신을 오동나무 널에 담아서 할아버지를 만나러 가겠다는 꿈을 꾸고 계셨다.

할머니의 한숨 소리가 깊어지고 흰머리가 늘어날수록 판자는 더욱 광이 나고 반질거렸다. 열아홉 청상과부의 한이 거문고 선율처럼 나뭇결마다 스며들었다. 아들딸 낳고 싶었던 엄마의 마음, 지아비로부터 사랑받고 싶었던 아내의 마음을 마지막 옷인 관에 새긴 것이다. 하지만 할머니는 수년간 닦고 기름칠했던 오동나무 널에 잠들지 못했다. 주변 가족들이 더 비싸고 근사한, 매끈거리고 빛나는 대리석 관에 눕혀 보냈다. 오동나무 널빤지의 꿈도 사라졌다.

널빤지는 할머니가 돌아가시고 오랫동안 헛간 구석에 멍석으로 덮어져 있었다. 친구들과 숨바꼭질할 때면, 으스스한 널빤지 주위에는 아무도 가지 않았다. 아이들은 무섭다고 했지만 난 그곳에 숨는 것이 편안했다. 익숙한 나무 향과 함께 할머니의 품속 같은 따스함이 느껴졌다. 어떤 날은 그곳에서 잠이 들어 나를 찾느라 집안이 발칵 뒤집힌 적도 있었다. 까마득히 잊힌 그 물건을 이렇게 만나게 되다니.

　널빤지는 한 겹 대패질하면 속살은 쓸 수 있을 것 같다. 모서리를 잘라내면 작은 탁자 하나쯤은 만들 수 있겠다 싶어 목공소에 가지고 갔다. 오동나무 널빤지는 지금 내 앞에 탁자로 놓여 있다. 완성된 다탁의 아름다운 무늿결마다 할머니의 삶이 켜켜이 새겨졌다. 종종 할머니가 생각나면, 그윽한 탁자에 앉아 애달픈 추억을 찻잔에 담아 마신다. 오동나무꽃 피는 오월이 되면 할머니가 더 그리워진다.

풍선덩굴

 풍선덩굴은 하트모양의 씨앗을 남기는 식물이다. '어린 시절의 재미', '당신과 날아가고파' 꽃말조차 익살스럽고 재미있다. 연초록의 앙증스러운 풍선을 대롱대롱 달고 바람에 한들거리는 자태는 누구라도 시선을 멈추게 만든다.
 가느다란 줄기 끝에 흰 꽃을 여러 송이 피운다. 안개꽃보다 작은 네 개의 꽃잎이 야리야리하고 순박한 모습이다. 꽃이 진자리에 초록의 작은 꽈리가 자라면서 바람을 불어 넣은 풍선처럼 점점 부풀어진다. 초록 풍선 열매가 자라면서 꽃보다 더 시선을 끌고 사랑을 받는다. 살며시 손으로 열매 하나를 터트리면 뽕 소리를 내며 경쾌하게 터진다.
 몇 년 전, 행복한 기억 속으로 날아가 본다. 점심시간에 볼일을 보고 직장으로 돌아가는 길이었다. 한낮의 더위를 피할 생각으로 평소 다니지 않는 그늘이 많은 골목길로 접어들었다. 골목의 건너편에는 자갈치 시장이 있다. 활기와 생명력이 생선보다 더 펄떡펄

떡 살아 숨 쉬는 큰 시장이다. 어시장의 풍경과 사뭇 다른 골목의 조용한 분위기가 낯설게 느껴질 즈음이었다. 발길이 강한 자석에 붙기라도 한 듯 꼼짝도 하지 않고 멈췄다.

그곳은 초라하기 그지없는 여인숙 앞이었다. 반공 포스터도 아닌데 간판 글씨는 흰 페인트칠에 붉은 글씨로 쓰여 있다. 바탕을 칠한 흰색은 노인의 겨울철 살갗처럼 희뿌옇게 푸석거리며 여러 군데 들떠있다. 간판에 적힌 모음 'ㅕ'는 어렴풋한 흔적만 남아있어 정확히 읽으면 '여인숙'이 아니고 '어인숙'이다. 그 팻말조차 고정되어 있지 않고, 빨간색의 빛바랜 포장끈에 묶여 한적한 산사의 풍경처럼 흔들거리고 있다.

여인숙의 입구에는 사철나무가 여름 한낮의 더위를 초록의 생기로 이겨내고 있었다. 플라스틱 통에 흙을 채워 심어놓은 나무는 제한된 생존을 할 수밖에 없지만, 곧게 뻗은 가지의 푸르름이 싱그럽고 당당하게 보이기까지 했다. 시선을 빼앗긴 것은 나무가 아니었다. 나무의 밑동에 뿌리를 두고 넝쿨을 뻗어 자신의 영역인 양 휘감아 올려진 식물이었다. 초록의 꽈리 주머니를 주렁주렁 달고 바람이 불면 경쾌한 방울 소리라도 울릴 것 같았다. 나무도 넝쿨 열매들이 가지와 잎을 커튼처럼 가리고 있지만 아무런 불평이 없어 보였다. 흔들거리는 종소리의 속삭임에 귀를 기울이며 서로 의지하고 있는 것 같다. '딸랑딸랑' 나에게 말을 걸어오는 열매의 소리를 듣기 위해 가까이 다가가 쪼그리고 앉았다.

"열매가 참 예쁘지요?"

허름한 미닫이문을 열고 집에서 아주머니 한 분이 나왔다. 부채를 든 손의 피부색이 유난히 검고, 그 피부에 어울리지 않는 선명한 분홍색 매니큐어 칠이 눈에 띄었다. 짙은 문신 자국의 눈썹, 새빨간 립스틱을 바른 도톰한 입술, 위아래 아이라인이 진하게 그려진 눈매는 부드럽고 선한 이미지가 아니었다. 나를 힐끔 보고는 식물들 쪽으로 이내 시선을 옮겼다. 식물을 바라보는 그녀의 모습이 일순간에 달라졌다. 세상의 찌든 때가 묻어 보이며 드세 보이던 얼굴에 박꽃처럼 환하고 선한 미소가 번졌다. 어린아이의 순수한 모습을 보듯 나도 덩달아 웃게 되었다. 세상을 힘들게 살아냈을 것 같은 그분에게 식물은 어떤 의미가 있음에 틀림이 없다. 삶을 지탱하며 위로하는 든든한 뿌리이며, 가지이며, 꽃일까. 덥석 손이라도 잡고 싶은 후덕한 모습으로 다가왔다.

그 식물이 풍선덩굴이라는 것을 처음 알았다. 홀라당 반하고 말았다. 씨앗을 구하고 싶다는 말에 아주머니는 기다렸다는 듯 집 안으로 들어갔다. 흰 무명실에 목걸이처럼 정성스럽게 꿰매진 열매가 노르스름하게 여물어 있다. 마른 열매를 미리 실에 꿰어 준비해놓은 것이다. 내 손에 살며시 풍선덩굴 목걸이를 올려놓으셨다. 잠시 눈앞이 아득하게 흐려졌다. 값비싼 목걸이를 선물 받아도 이렇게 기쁠 수 있을까? 그분의 아름다운 마음이 풍선덩굴 송이만큼 방울방울 달려있는 느낌이었다.

나눔이란 특별히 어려운 게 아니다. 내가 가진 작은 것일지라도 누군가에게는 큰 기쁨이 된다. 세상을 살만하게 변화시키는 출발이 아닐까? 본 적도 없는 나에게 준 작은 씨앗 나눔이었지만, 감동은 오래 잊히지 않았다. 해마다 내 가슴속에서 풍성하게 꽃밭으로 피어난다. 이듬해 소중한 씨앗을 여러 집에 나누어 심었다. 여름이 되면서 오빠 집 주유소의 삭막한 공간에도 열매가 달리고, 언니 집 울타리에도 유홍초와 어우러져 더 장관을 이룬다. 지인의 찻집에는 많은 사람의 볼거리와 쉼터를 제공하는 그늘막이 되어 준다.

그분이 준 마른 열매를 보며 풍선덩굴 만날 날을 얼마나 기다렸던가. 씨앗을 채취하다 놀라운 것을 알게 되었다. 까만 씨앗에 선명한 하얀 하트 무늬였다. 풍선 꽈리가 무슨 마술을 부려 사랑의 열매를 만들어 냈을까. 귀엽고 앙증스러운 작은 하트 씨앗을 손바닥 위에 올려놓고 새삼 사랑의 참 의미를 생각해 본다.

풍선덩굴은 우중충해 보이던 시장 골목에 활력과 생명력을 불어넣었다. 자연의 경이로움이기도 하다. 식물을 좋아하는 고운 마음이 나에게 남겨 준 잊히지 않는 선물이다. 결실의 계절 가을이다. 모든 것이 익어가고 다시 자연으로 돌아가려는 성숙의 시간이 되면, 나도 그분처럼 풍선덩굴의 영근 열매를 실에 꿰어 매단다. 누군가의 마음속에 영원히 기억되는 씨앗이 되었으면 하는 바람으로….

무재칠시 無財七施

타인을 위한 희생이 때론 나의 행복이 된다. 봉사는 나와 처지가 다른 사람이나 내가 누리는 행복을 누릴 수 없는 사람에게 시간을 나누는 활동이다. 도움을 청하는 사람을 위해 자신을 고스란히 한편에 내려놓고 타인을 위해 열중해야 한다. 에너지를 나누고 그들에게 나의 온전한 관심과 집중을 바치는 시간이다. 봄볕에 늘어진 고양이처럼 온몸이 나른하고 몸살기가 있어 누군가로부터 위로받고 싶은 날이다. 그 마음을 누르며 〈생명의 전화〉 사무실에 도착했다.

〈생명의 전화〉에서 이십여 년째 상담 봉사활동을 하고 있다. 상담 봉사는 사회복지를 공부하던 학부 시절 실습을 나갔던 인연으로 시작되었다. '생명의 전화'라는 이름 때문에 죽음을 생각하는 사람들을 만나는 곳으로 알았다.

우리나라는 OECD 국가 중 자살률이 평균의 두 배로, 1위라는 수치스러운 자리를 차지하고 있다. 생명의 끈을 스스로 단절하는 사람들은 자신의 삶을 결코 경시해서가 아니다. 역설적인 해석이지만 지나친 자기애의 선택인지도 모른다. '자살'의 글자 순서만 바꾸면 '살자'가 되지 않는가. 가벼운 어깨의 토닥임, 살가운 말 한마디, 진심 담긴 눈빛이 그들의 생각을 '살자'로 바꿀 수 있다. 도저히 해결하지 못하리라는 막연한 불안감으로 터널 속에 갇히고, 자기파괴의 어둠은 결국 자살로 이어지기도 한다. 터널 끝에는 반드시 빛이 있기 마련인데 말이다.

날씨가 궂은 날은 전화통에 불이 난다. 삶의 의욕을 잃은 사람, 극도의 외로움에 시달리는 사람, 우울증을 앓고 있는 사람들은 날씨 변화에 예민해진다. 흐리거나 비 오는 날은 심장에 단단한 돌덩이를 하나 누르고 전화기 앞에 앉아야 한다. 장난 전화도 많아 마음의 준비가 필요하다. 때때로 성 지식이 필요한 경우도 있지만, 사춘기 청소년들의 음란성 전화도 적절히 대처해야 한다. 상담 내용이 성에 연관되거나, 마음 병에 걸린 사람들의 화풀이는 부적절한 내용이 대부분이다. 종교가 없는 나지만 맘속으로 반야심경이라도 읊조려야 한다.

"여보세요, 여보세요" 불러도 보고 귀를 기울여도 잘 들리지 않는다. 무작정 걸어 놓고 끊는 전화이겠거니 하고 수화기를 놓으려는 순간이었다. "엄마가 보고 싶어요." 들릴락 말락 저편의 소리에 온몸의 신경이 귀로 모여들었다. 전화기 속의 침묵은 어떤 소리보다 무겁고 뼈처럼 단단했다. 엄마가 보고 싶다는 내용은 처음이다. 경험상 예감이 좋지 않다.

　오랜 실직으로 생활고를 견디다 못해 삶을 포기하려는 젊은이였다. 엄마가 너무 생각났지만 차마 전화 걸 용기가 없어 이곳으로 전화를 한 것이다. 세상으로 보내는 마지막 신호탄 같았다. 엄마로, 밥으로, 빛으로 다가가야 한다. 생을 포기하려는 그에게 '살자'의 희망의 씨를 심어야 한다. 어렵게 전화번호를 알아내 가까운 소재지의 복지 기관을 연결하여 삶의 불씨를 살려주었다. 지금도 가끔 마실 물조차 없다는 젊은이의 희미한 목소리가 환청처럼 들린다. 그날의 내 목소리가 그의 절망과 좌절, 실패를 덮어주는 따뜻한 이불이 되어 주었을까.

　봉사활동은 내가 중심이 되는 것이 아니다. 내가 무엇을 하겠다고 대상을 고르는 것도 아니다. 누군가의 부족함을 채워 주겠다는 선한 마음에서 출발해야 한다. 보여주기식의 겉치레 활동은 오히려 그들의 불신을 낳고 마음을 다치게 한다. 마음이 행동을 통해 실천되어 나올 때 아름다운 사랑이 되기도 하고, 무서운 폭력이 되기도 한다. 일방적으로 타인에게 베푸는 것이라 여기지만, 오히려 나에게 마음의 여유가 생겨난다. 결국에는 위로를 건네려던 대상으로부터 위로받고 치유되고 삶이 풍요로워지기도 한다. 사랑을 베푸는 사람이 받기만 하는 사람보다 더 사랑으로 가득한 이치다. 퇴근 후 피로를 단번에 날려주기도 하고, 주말의 달콤한 휴식보다 갑절 나은 기쁨을 주기도 한다.

부처의 말씀 중에 '무재칠시'라는 말이 있다. 재물이 아니더라도 누구나 타인을 도울 수 있는 일곱 가지 재주를 지니고 있다는 의미다. 화안시和顔施 밝은 미소, 언시言施 부드러운 말, 심시心施 어진 마음, 안시眼施 다정한 눈빛, 신시身施 몸으로 베풂, 좌시座施 자리양보, 찰시察施 상대 마음 헤아리기다. 아무리 가진 것이 없는 사람일지라도 이 중 몇 가지는 베풀 수 있다. 간혹, 봉사활동을 하고 싶은데 할 줄 아는 게 없다는 사람이 있다. 무재칠시의 의미를 되새겨 보면 어렵고 힘든 것이 아니다. 작정하고 가야 할 만큼 멀리 있는 것도 아니다. 일단 가볍고 숨 쉬듯 쉽게 출발하면 될 일이다.

벨이 두 번 울리고 전화를 받았다. "저, 자살하려고요" 진정성이 하나도 담기지 않은 목소리를 단번에 알아챘다. 하지만 혹여 그의 진심을 놓칠세라 성의껏 응대했다. 결론은 '외로워요', '심심해요', '놀아줘요'로 해석된다. 죽겠다고 하는 사람을 접하며 상담자 대부분은 당황하고 놀라 안절부절 대한다. 상담을 시작한 초보 시절에는 나도 그랬었다. 급기야 자기가 죽겠다는데 놀라지도 않고 말리지도 않는다고 시비를 걸기 시작했다. 자세가 되어 있지 않은 사람이 상담한다는 내용으로 말꼬투리가 장황해지고 험해져 갔다. 상대의 언행에 따라 다양한 대처가 필요하다. 나는 "죽는다고 전화했으니 이제 그만 죽으세요." 덤덤하게 말하고 전화를 끊었다.

한참 뒤 언성을 높인 그에게서 다시 전화가 왔다. "아직도 안 죽었습니까?" 내 말에 멈칫하는 눈치다. 대놓고 죽으라고 한 사람은 처음이라며 따지는 듯한 목소리는 전과는 사뭇 달랐다. "저한테 하듯이 세상을 향해서 큰소리도 치고 당당히 맞서서 살아보면 어때요" 잦아드는 그에게 진심 어린 마음을 전했다. 다시 전화를 걸어 주셔서 감사하다는 말에 어렴풋이 그의 울음이 묻어났다. 그가 다시 전화를 걸어오지 않았다면 모질게 뱉어 놓은 말 한마디 때문에 얼마나 가슴 졸인 기억이 됐을까. 이번에는 그가 나를 살렸다. 그는 결코 죽고 싶지 않았다. 누구보다 살고 싶은 욕구가 강한 사람인지도 모른다. 내가 투자한 시간이 그의 삶을 일으키는 자산이 되었으면 좋겠다.

상담실 벽에는 〈생명의 전화〉 도움으로 새사람이 되어 잘 살고 있다는 감사의 편지가 여럿 걸려 있다. 심지어 이제는 자신도 남을 돕는 일을 한다는 분도 있다. 내 일만큼이나 뿌듯하다. 무재칠시의 내 달란트가 누군가를 바르게 세우고 살리는 작은 힘이 된다면, 나의 봉사활동은 계속될 것이다.

'따르릉 따르릉' 전화벨이 울린다.

소래풀

누구든 가방 한 개쯤은 갖고 다녀야 한다. 가끔 원치 않는 내용이 담겨 절망하고 좌절하지만, 어느 순간 그것조차도 선물임을 깨닫게 된다.

3부_가방이 걷는다

붓도감
1층 예찬
가방이 걷는다
그 골목
#같은 그녀
모젓
산해정
접接
젖꼭지를 누를까요?

봇도감

 돼지는 하늘을 올려다볼 수 없다. 우둔한 돼지의 목이 땅을 향하고 있기 때문이다. 돼지 스스로 하늘을 볼 수 있는 때는 넘어졌을 때다. 살다 보면 우리도 넘어지는 순간이 온다. 그때 비로소 하늘을 보며 자신을 돌아보는 시간을 갖는다.
 얼마 전 지리산 둘레길을 걸었다. 6월의 산야는 초록의 물감을 뿌린 듯 갈맷빛이 돈다. 에움길 사이도 걷다가 산비탈도 넘고, 난출난출 가볍게 외진 마을도 지났다. 경지정리가 된 고래실의 벼는 뿌리를 내렸는지 반듯하게 서 있다. 천수답 모들은 아직도 사름을 못했다. 비스듬히 누운 모도 보인다. 논 언저리에는 모를 머드리려고 한 움큼 꽂아놓은 모종판이 더러 있다. 땅에 제대로 서 보지도 못하고 누렇게 떠 간다. 선다는 것, 땅을 바로 디딘다는 것은 식물이나 사람에게나 제 구실을 한다는 의미다.
 다랭이 논길을 걷자니 옛 기억이 떠오른다. 예전에는 수리시설이 미비하고 열악했다. 대부분이 천수답이었다. 오직 하늘에서 내리는 빗물만 쳐다보고 농사를 짓는 형편이다. 대책이라면 큰 보洑를 만들어 흐르는 냇물이나 빗물을 모아 그 물을 효율적으로 관리하는 것이었다. 보에 고인 봇물은 봇도랑을 따라 흘러가 필요한 곳에서 빠진다. 가뭄이 심할 때는 자기 논에 물을 먼저 대기 위해 다툼이 일어나기 일쑤였다. 공평하게 봇물을 관리하는 사람이 필요했다. 봇둑을 정비하고 보수하며 논물을 원활히 공급하고 감독하는 사람을 봇도감洑都監이라 했다. 논을 경작하는 사람 중에 특히 목소리가 크고 사리 분별이 분명한 사람이 맡았다. 어릴 적 기억에 아버지는 해마다 봇도감을 했다.

  나는 아버지 새참으로 논에 막걸리를 자주 날랐다. 주전자를 들고 사랫길을 조심스레 걸어가면 봇도랑을 따라 졸졸 흐르는 물소리가 어떤 노래보다 듣기 좋았다. 이웃 어른들은 대부분 두둑에 에워 앉아 막걸리를 주거니 받거니 했다. 그때도 아버지는 늘 서 계셨다. 눈길은 사방팔방 논의 물 사정을 살폈다. 봇도감의 판단이 반듯하게 서 있어야 마을의 벼도 공평하고 곧게 자란다. 내 욕심을 채운다거나 한쪽으로 기울어진 마음보는 마을에 화근을 만든다. 이집 저집 논으로 물이 자란자란 흘러 들어가야 마을이 평화롭고 가을 풍년도 가져온다. 아버지는 어떤 외압에도 흔들리지 않고 중심이 굳건했다. 봇도감이셨던 아버지의 나볏한 자세는 자라는 모와 다름없었다.

  일어선다는 것은 세운다는 것이다. 자신을 단단하게 잡아둔다는 것이다. 순간적인 기분에 휩싸이면 시류에 흘러갈 뿐이다. 겨울철 빙판길을 걷다 보면 자주 넘어진다. 잠시 부주의하면 넘어지는 것은 한순간이다. 요즘, 우리가 사는 곳곳에 도로의 위험한 얼음막인 '블랙아이스'가 도사리고 있다. 각자의 마음속에도 넘어짐을 부추기는 약점과 상처들이 지뢰밭처럼 깔려있다. 넘어지는 곳이 어디 빙판뿐이겠는가.

자주 소식을 전하는 친구가 오랫동안 잠잠했다. 궁금하던 차에 느닷없이 사진 한 장을 보내왔다. 길거리에 어이없이 주저앉아 있는 생뚱맞은 모습이다. 길을 걷다 작은 홈을 보지 못해 살짝 중심을 잃었다고 한다. 넘어지지 않으려고 빳빳하게 목과 전신에 힘을 주고 버티다 크게 다쳤다. 대퇴골 골절이라는 큰 부상으로 몇 달을 꼼짝없이 병원에 입원 중이란 소식이다. 친구는 "내가 잘 넘어지는 법을 몰라 다쳤어."라고 한다. 누구라도 예고 없이 닥치는 위기를 현명하게 대처하기는 쉽지 않다. 온몸에 힘을 빼고 손에 쥔 가방을 내던져 살이 두꺼운 엉덩이 쪽이 바닥에 철퍼덕 닿았다면 어땠을까. 문득 잘 넘어지는 것도 잘 일어서기만큼 중요하구나 싶은 생각이 든다.

권순진 시인의 「낙법」이란 시가 있다

　　유도에서는 맨 먼저 익혀야 할 게 넘어지는 기술이다
　　자빠지되 물론 상하지 말아야 한다

매칠 생각에 앞서 패배를 자연스레 받아들이는 훈련
거듭해서 내쳐지다 보면 바닥과의 화친이 이루어진다
몸의 접점이 많을수록 몸은 안전해지고
나아가 기분 더럽지 않아 안락하기까지 하다 …(하략)…

메어치기를 당하거나 갑작스럽게 넘어질 때 안전하게 몸을 보호하는 기술인 낙법은 유도에서 중요하다. 처음 유도를 배우면 한 달 내내 넘어지는 것만 가르친다. 몸에 힘을 죄다 빼야 헐거워지고 유연성이 생긴다. 넘어지므로 충격에너지를 흡수하고 분산하는 법을 배우게 된다. 바닥에 누운 자세에서 깨닫게 되는 것이 많다. 메어침을 두려워하지 않으며, 이 순간 마음 또한 동글동글하게 모서리를 깎아 패배의 아픔도 알아간다. 잘 넘어지는 법이 곧 실패를 이기고 일어서는 법이다.

자전거를 처음 배울 때의 기억이다. 학교 운동장에 나를 데리고 간 아버지는 뒤를 잡고 있다고 했지만, 이내 손을 떼고 계속해서 넘어지게 내버려 뒀다. 처음에는 넘어지면서도 아버지가 자전거에서 손을 놓은 것을 몰랐다. 버티려는 생각에 핸들을 넘어지는 반대 방향으로 꺾을수록 땅으로 곤두박질쳤다. 수없이 실수가 반복되다 어느 순간 앞으로 나아가기 시작했다. 자전거 타는 법을 스스로 터득했다. 누구보다 짧은 시간 내에 자전거를 배웠다. 아버지는 오빠 언니들을 가르친 특급 비결이라며 잇몸이 드러나도록 웃었다. 그제야 혼자서 잘 타는 내 자전거 뒤를 오랫동안 바라봐주었다. 결국은 두려움 없이 넘어지는 방향으로 핸들을 돌려야 한다는 것을 가르친 것이었다. 그 후, '잘 넘어지는 것'이 '잘 일어서는 것'이란 사실을 무언중 알게 되었다. 그게 인생이었다.

머지않아 벼는 여름 땡볕을 먹고 쑥쑥 자랄 것이다. 흐물거리던 허리를 곧게 펴고 단단히 일어서는 법을 긴긴 나절 배운다. 가을볕과는 성장을 멈추고 몸피를 채우는 타협을 한다. 쭉정이는 낱알의 배를 불리며 알곡으로 여물어진다. 된바람에 넘어져도 다시 일어서는 법을 알아차린다. 넘어지는 것과 일어선다는 것은 의좋은 형제간 같다.

나는 살면서 곰비임비 넘어졌다. 그때마다 일어나고 또 일어나는 믿음을 얻는다. 짙은 초록을 머금은 벼논만 생각해도 힘이 난다. 모의 생명수를 고루 나누던 아버지의 올곧은 균형이 나를 바르게 세운다. 생전 내가 넘어지는 인생의 순례에서 묵묵히 지켜봐준 아버지의 중심이 나를 단단히 붙잡는다.

1층 예찬

몇 번의 보안 검색을 통해서 들어갔다. 아파트라기보다 비밀요새 같은 고층 아파트 33층에 도착했다. 보석처럼 반짝거리는 바닥을 디디는 것부터 괜히 조심스럽다. '어서 와'하는 친구의 음성이 아파트의 층수만큼 높고, 엘리베이터의 벽면처럼 윤기가 흘렀다. 왠지 모를 낯섦이 불편하고 어색하다. 빨리 벗어나고 싶다.

우리 집은 아파트 1층이다. 가정 보육 어린이집을 할 목적으로 샀는데 십 년 넘게 이곳에 살고 있다. 높은 지대 아파트라 노을이 붉게 내려앉는 낙동강이 한눈에 보인다. 이사 온 첫해에 심은 덩굴장미는 해마다 우리 집 베란다를 넘어다보며 동안의 안부를 물어 준다. 딸아이가 5학년 때, 주워 온 검정 씨앗을 화단에 심었다. 아기 손 같은 다섯 잎을 뾰족이 내밀고서야 단풍나무라는 것을 알았다. 화장하고 멋 부리며 외출에 나서는 딸처럼 나무도 알록달록 계절 옷을 바꿔 입으며 자라고 있다.

작달비가 쏟아지는 날은 더없이 좋다. 후박나무 잎에 후드득

빗소리가 떨어지면 클래식 음악보다 묵직하고 섬세한 자연의 연주가 시작된다. 가는 선율의 바이올린 소리를 내며 빗방울이 잦아짐을 알릴 때는 아쉬움마저 든다.

공동 화단이지만 나는 유독 씨를 뿌리고 가꾼다. 작은 화단에는 계절마다 제 모습을 드러내는 나무와 꽃들이 있다. 매서운 바람결에 솔솔 향기를 쫓아가면 매화 한 그루가 조용히 꽃 피워 봄을 알려 준다. 키 작은 바위취, 연산홍, 송엽국 삼인방이 연신 방긋거린다. 은밀하게 싹을 틔운 작약꽃이 활짝 일어나면, 수국이 바삐 필 채비를 한다.

봄꽃들이 지쳐갈 즈음이면, 황금 달맞이꽃이 화단을 밝히고, 작년에 몇 포기 옮겨 심은 어성초가 제법 소담스럽게 군락을 이룬다. 여름 내내 베란다에 기어올라 방울방울 초록 풍선을 달고 있는 풍선 넝쿨도 제 몫을 한다. 아이들의 재미나는 자연 놀잇감이 된다.

작은 단풍나무가 붉은 옷을 갈아입으면 조용한 신사처럼 불쑥 꽃대를 올린 꽃무릇이 등장한다. 이때가 되면, 가을바람이 제법 매서워진다. 하나둘 잎을 떨구어 나무도 꽃도 휴식을 준비한다.

삭막한 겨울 화단을 지키는 동백나무는 혼자 외로운지 은사시나무 아가를 손잡아 주며 품는다. 나는 이들의 향연을 무일푼으로 감상하는 축복받은 고정 관객이다. 사계절의 색이 있고 향이 있는 꽃밭의 주인이다.

오래된 아파트의 출입 통제는 허술하다. 규칙적으로 들어오는 채소 트럭과 계란 장수도 있다. 생선 장수가 아파트 안까지 들어올 때도 있다. 상품성이 떨어지는 채소는 그냥 주기도 하고, 덤으로 주는 생선 마릿수가 많아 인정을 사고파는 순간이다.

익숙한 톤으로 '채소가 왔다'고 외치는 아저씨는 수요일이면 온다. 좋은 물건을 싸게 판다는 소문이 자자해 단골이 많다. 땀을 뻘뻘 흘리며 채소를 봉지에 옮겨 담고 계산하는 모습이 힘들어 보일 때가 많다. 가끔 거실에서 그 모습을 지켜본다. 여름이면 냉커피, 겨울이면 따뜻한 차 한 잔을 들고 나간다. 마시기를 권하고 어설프게 내가 대신 팔아 주기도 한다. 채소 장수가 마신 찻잔이 늘어간 수만큼 허물없는 사이가 되었다. '사모님'이라 부르던 호칭이 '누님'으로 바뀌었다. 내가 집을 비운 날에도 문 앞에 알타리무가 놓여 있기도 하고, 옹골진 토란 한 봉지가 놓여 있을 때도 있다. 따끈한 정으로 채워진 봉지다. 1층이 누리는 복이다.

요즘은 낡은 아파트나 주택지를 허물어 재개발한다. 정겹던 골목이 허물어지고 고개가 아플 정도로 바라보기 힘든 고층 아파트가 들어선다. 외장재부터 고급스럽게 지어서인지 보는 것만으로 주눅이 든다. 조망이 좋고 재산 가치가 있으며 사생활 침해가 적다는 이유로 고층을 선호하게 된다. 하지만 자연재해 앞에서는 고층 아파트가 얼마나 열악한지는 상상만으로도 가능하다. 고층에 사는 사람들이 정신 병력이나 자살 충동이 많다는 보고도 있다. 이런 면에서 저층 아파트는 안전한 편이다.

1층 아파트의 불편함도 헤아릴 수 없다. 놀이터에서 아이들이 노는 소리, 배수관에 물 흐르는 소리, 차 소리 등에 익숙해야 한다. 풀벌레의 무상 연주를 들어서 좋긴 해도 간혹 이것들이 식구처럼 집안에 들어온다. 비 오는 날은 습도가 높아 꿉꿉함을 감수해야 한다. 나의 1층 사랑은 이런저런 불편함이 싫지 않다는 것이다. 놀이터에서 재잘거리는 아이들 소리가 음악처럼 흥겹다. 귀뚜라미나 거미를 가까이 볼 일이 없는 요즘은 그 모습마저 친구처럼 반갑다. 새소리가 깨우는 아침은 얼마나 청명하고 정겨운 일인가. 1층이 주는 호사다.

열어 놓은 창문으로 목소리가 들어왔다. 오랫동안 통화는 계속되었다. 눈에 익은 윗층 어디쯤 사는 아가씨였다. 늦은 밤, 맘 편히 통화할 곳은 아파트 1층 앞이었고, 나는 울음이 섞인 대화 내용을 엿듣게 되었다. 결혼을 약속한 남자의 부모님 반대로 헤어지는 가슴 아픈 상황이었다. 슬그머니 나가서 음료수를 건네주며 어깨가 들썩거리도록 울고 있는 그녀를 한참 토닥이고 들어왔다. 쉬 잠이 들지 않는 밤이었다. 1층이 주는 슬픔이다.

밖이 소란스럽다. 오징어 탈을 쓴 훤칠한 키의 젊은이가 등짝에 짐을 지고 있다. 한발 들어오라고 밀고 당기고 실랑이가 벌어지고 왁자지껄하다. 요즘 보기 드문 함이 들어오는 광경 같다. "오빠! 아파트에서 떠들면 쫓겨나, 대강하고 들어와." 신부로 보이는 아가씨가 오징어 탈 쓴 사람을 뒤에서 밀다가 나랑 눈이 딱 마주쳤다. 얼마 전, 울면서 통화하던 아가씨였다. "축하해요, 결혼!" 건네는 내 인사에 "염려 덕분에 잘됐어요. 고맙습니다." 1층에 사는 이유로 여러 사람을 알게 되고, 때로 그들에게 도움이 되기도 한다. 1층이 베푸는 선행이다.

화려한 접시에는 배달된 음식이 알록달록 차려졌다. 몇 명의 친구들은 집 구경에 정신이 팔려있다. 아래를 바라보며 전망이 '죽인다'고 호들갑이다. 까마득한 곳에 사람들이 개미처럼 움직이는 것 같다. 고소공포증처럼 정신이 아찔해 오면서 어지럽다. 약속을 깜박했다고 에둘러 말하고 고층 집을 먼저 나왔다. 엘리베이터를 탔다. 컴퓨터 키보드만큼 층수 버튼이 빼곡하다. 반가운 숫자 '1' 버튼에 힘을 주어 꾹 눌렀다.

우리 집에 도착해서야 긴 한숨을 몰아쉬었다.

가방이 걷는다

가방은 외출할 때 챙기는 필수품이다. 여자들의 전유물이지만 요즘은 남자들도 제법 들고 다닌다. 다양한 종류의 가방이 자연스럽게 손에 들려 있다. 그 속에 넣는 사물은 개봉될 장소를 말해주고, 돌아다닐 시간을 드러내며, 주인의 취향까지 알려 준다. 가방의 모습만 봐도 그가 어떤 사람인지 괜한 호기심이 생긴다.

아이는 이모가 선물한 책가방이 맘에 들었다. 입꼬리가 귀에 걸릴 듯이 웃고 있는 세 명의 곱슬머리 여자가 그려져 있다. 여자 아이들이 좋아하는 공주님 가방이다. 노란색, 갈색, 검정색 머리에는 장미꽃이 만발한 머리띠를 하고 있다. 개미처럼 잘록한 허리춤엔 큰 리본이 이리저리 너풀거린다. 춤을 추듯이 서 있는 배경 뒤에는 생뚱맞게 무지개가 떠 있는 진한 분홍색 가방이다. 세상에서 그 아이만의 삶이 처음으로 담길 책가방이었다.

아이는 민들레 갓털처럼 훅 불면 날아갈 듯 여린 미숙아로 태어났다. 첫돌 잔치 날 입힐 드레스는 발품을 팔아서 겨우 구했다.

아이의 저조한 발육으로 돌옷을 포기하고, 백일옷 크기를 골랐다. 몸집은 작았으나 잔병치레 없이 자라주는 것이 고마울 따름이었다. 몸무게와 키가 또래 아이들과 월등히 차이가 났지만, 초등학교 취학통지서가 만 일곱 살 봄날에 날아왔다. 남들에게는 당연한 일이었지만 눈물 날만큼 감사한 일이었다.

빈 가방을 메고 집안을 깡충거리며 학교 갈 날을 손꼽아 기다렸다. 아이의 마음은 들떠 가벼웠지만, 준비물이 하나둘 담기면서 가방의 무게는 점점 무거워졌다.

"엄마 학교 못 가겠어. 가방이 너무 무거워."

작은 체구라 가방을 이기지 못하는 아이를 도와 학교 앞까지 바래다주고 싶었다. 어린이집을 운영하던 나에게는 가장 바쁜 시간이었다. 출근하는 엄마들이 분주히 아기를 맡기는 때라 시간을 뺄 수 없다. 잘 때도 안고 자던 가방을 메어주니, 가방과 함께 풀썩 뒤로 자빠진다. 왜소한 아이보다 가방에 그려진 세 공주의 키가 더 커 보인다. 급기야 울음을 터뜨린 아이를 일으켜 세워 차근차근 일러 주지만, 아이에게는 되알지기만 한 책가방이다.

가방도 이기지 못하는 아이를 채근해서 학교로 쫓아 보냈다. 연년생 오빠의 손을 의지해 아이가 학교로 간다. 엄마의 흐린 시야에 아이는 보이지 않고 가방이 걷는다. 가방에 그려진 무지개처럼 아이의 인생에 활짝 무지개만 뜨기를 바라며 가방이 보이지 않을 때까지 지켜보았다. 밝고 환한 공주들처럼 좋은 친구들과 웃는 일이 많기를 바랐다. 아이가 초등학교를 졸업할 즈음에는 덩치도 자랐지만, 무엇보다 자신의 가방을 스스로 챙기는 옹골찬 아이가 돼 있었다.

중고생이 되면서 버겁던 가방을 제법 잘 다루게 되었다. 학교에 사물함이 생겨 융통성을 발휘하는 요령도 익혔다. 집에 가지고 와야 할 물건과 학교에 두고 올 물건이 구별되어 가방에 담기게 되었다. 보조 가방도 적절히 활용했다. 용케도 자라면서 가방의 무게를 조절하는 능력을 터득했다. 가방의 무게 때문에 힘들어지는 것이 아니라, 그 무게를 생각하는 마음 때문에 힘들어진다는 것도 알아낸 것 같다.

취업을 고려하지 않고 소신 있게 원하는 과에 원서를 냈다. 문과 대학교에 입학을 했다. 꽃 같은 청춘 가방은 알록달록한 색상으로 바뀌기 시작했다. 크기가 급격히 작아졌다. 그 안에는 생기 있는 발랄함이 담기고, 봄을 타는 듯한 나른함도 담기고, 지쳐 보이는 이별도 담기는 날이 있었다. 소중한 지식을 차곡차곡 채우며 딸만의 삶을 밀도 있게 메워나갔다. 무지개 색깔의 꿈이 비좁은 가방 속에서 매일 조금씩 자랐다.

대학 졸업 후 직장에 입사했다. 어느 날, 손바닥보다 작은 가방을 메고 왔다. 첫 월급으로 샀다는 명품이다. 못마땅했다. 평생 명품 가방이라고 욕심낸 적 없는 엄마는 속이 뒤틀린다. 실속보다는 허영을 가르친 적 없건만 못내 불편한 마음이 든다. 제 손으로 돈 벌어 제 가방을 샀는데 명품이면 어떻고 크기가 작으면 어떤가. 엄마 가방보다 열 배나 작아 보이는 것이 열 배를 더한 가격으로 샀다니. 가는 금색 줄에 위태롭게 매달려 더 작아 보이는 가방을 메고 아이는 출근한다. 제 몸보다 큰 가방을 메고 학교 가던 초등학교 시절의 딸을 떠올리며 혼자 중얼거린다.
 '인생을 짓누르는 돌덩이가 아닌, 깃털 같은 자유로움을 담고 가방의 무게 따위는 느끼지도 말고 살거라. 오늘 짊어진 저 가방의 크기가 작다고 네 꿈이 작아지면 안 된다.'
 그로부터 몇 달 뒤, 딸이 소꿉장난감 같은 작은 가방을 내던졌다. 애지중지하던 것을 벼룩시장에 내다 팔 생각까지 했다. 겨우 말렸다. 엄마가 사태를 파악했을 때는 어렵게 들어간 회사에 이미 사표를 내고 나서였다. 간호대학에 편입시험까지 마친 뒤였다. 비록 늦었지만 전문 직종의 공부를 다시 하고 싶은 결심이 확고했다. 아이는 명품 가방을 던지고 천으로 만든 튼튼한 백팩을 메기 시작했다. 지금껏 들었던 어떤 가방보다 튼튼하고 큰 부피다. 두꺼운 의학 서적이 든 가방은 어른이 들어도 몸이 휘청거릴 정도의 무게다. 아이가 지난 날 가방에 담았던 모든 것을 담고도 남을 만큼 가방이 실해 보인다. 제대로 된 큰 꿈을 담으려나.
 아이는 보이지 않고 가방만 움직이던 초등학생인 녀석이 떠오른다. 가방이 걸어서 학교 가고 가방이 아이를 집으로 데려왔다. 가방이 아이를 키워냈다. 조금 돌아가고 조금 더디게 가는 삶이라도 잘 담겨 있는 튼실한 가방을 바라본다. 자신의 분수에 맞는 가방을 찾아내고 스스로 선택하고 혼자의 힘으로 나아가는 모습이 대견하다. 어떤 무게가 짓눌러도 당당히 비집고 싹을 틔워 내는 곧은 죽순처럼 자랐으면 좋겠다.

"엄마가 가방 좀 대신 메줄까?"

"무슨 말씀을요. 이건 제 가방이니 제가 메야죠!"

삶은 하나님이 선물한 가방과 같은 것이 아닐까. 누구든 살면서 가방 한 개쯤은 평생 갖고 다녀야 한다. 그것이 무겁든 가볍든 견뎌내야 한다. 가끔 원치 않은 내용이 담겨 절망하고 좌절하지만, 어느 순간 그것조차도 선물임을 깨닫게 된다. 그것이 짓누르는 무게는 그 사람만이 감당해야 하는 몫이다.

엄마는 딸의 가방이 다시 바뀌는 날을 기다린다. 명품 가방이 아닌 명품 인생이 담길 가방을….

그 골목

 호계천 위로 차들이 달린다. 포장된 검은 아스팔트 아래는 원래 하천이었다. 지금 이곳을 지나는 대부분의 사람들은 알 리가 없다. 상전벽해라는 말이 있듯이 요즘 도시 곳곳엔 복개천이 있다. 교통량이 많아지면서 땅이 좁아지니 개천을 덮어 도로를 만든 것이다.
 오랜만에 김해 동상동 골목을 추억하며 여행했다. 골목은 세대를 불문하고 향수를 불러일으키는 마법 같은 곳이다. 담장에 적힌 짓궂은 낙서, 바람에 나부끼며 햇살을 듬뿍 받고 있는 빨래, 비좁은 골목을 지키는 찌그러진 깡통 속 화초도 소박하면서 편안한 골목 풍경에 끼어든다. 그래서 골목길의 서정성은 청춘보다 동심에 가깝다. 술래잡기 숨바꼭질을 하던 어릴 적 동무가 불쑥 나타나 꿀밤이라도 한 대 먹이고 도망칠 것 같다.
 골목은 잠시 동안 방황하는 마음을 녹여주는 안식처이기도 하다. 시험을 잘 못 봐서 집에 가기 싫을 땐, 굳이 먼 길을 돌아 돌아간다. 걷는 내내 흐트러지려는 마음을 다잡기도 하고, 집 앞에 더디게 도착했을 때는 새로운 각오가 생기면서 심각했던 문제가 조용히 사라지기도 한다.

골목은 좁고 불편하며 강한 텃세도 있다. 거기에 사는 사람들이 일궈 놓은 스티로폼 꽃밭과 화분이 길을 막고, 문밖 쓰레기가 아무렇게나 나와 있다. 낯선 이들이 어귀에 들어서면 사람들의 순한 눈빛이 고양이의 경계하는 눈빛으로 바뀐다. 그렇기에 가벼운 인사라도 건네면서 누군가의 소중한 터전이라 여기며 존중의 시선으로 바라봐야 한다.

골목이란 스쳐지나가는 사람들에게 그곳의 이야기를 들려주는 공간이기도 하다. 풍경 감상보다 그곳이 간직하고 있는 이야기에 귀 기울여보자. 널따란 대로변 목소리는 억세지만, 골목길로 접어들면 그 소리들은 유순하면서 살가워진다. 그래서 어떤 골목길에도 사람들의 사연이 자연스럽게 스며있다. 나에게 동상동 골목은 꽁꽁 숨겨놨던 부끄러운 기억이 똬리를 틀고 있는 곳이다.

읍내에 있는 삼촌 집에는 나랑 동갑내기 친구, 위로 두 살 많은 오빠, 아래로 두 살 작은 동생인 삼형제가 있다. 삼촌네는 큰댁인 시골 우리 집에 자주 왔다. 그때마다 숙모는 오빠를 혹처럼 달고 왔다. 그 오빠는 제 이름과 간단한 사물, 특히나 음식 이름을 기억하는 정도의 지능을 갖고 있었다. 어눌하게 내 이름을 부르며 해맑게 웃는 오빠가 보통의 아이와 다르다는 것을 진즉에 알 수 있었다. 오빠는 사고가 있기 전까지 유난히 영특한 아이였다 한다.
삼촌 집은 호계천가에 있었다. 여름 작달비가 내린 후의 하늘이 높고 푸른 날, 호계천 물은 쪽빛 하늘처럼 맑게 흘러내렸다. 숙모는 빨래판보다 더 펑퍼짐한 너럭바위에 빨래를 치대고 있었다. 하천가 엄마 옆에서 놀고 있던 아이가 넘어진 것은 순간이었다. 사고의 결과는 너무나 가혹하고 잔인했다. 건강하고 똑똑했던 다섯 살 아이는 바위에 머리를 부딪쳐 뇌병변장애아가 되었다.
나는 초·중학교를 집에서 다녔다. 하지만 고등학교는 읍내에 있어 통학이 어려웠다. 김해 향교 주위에서 자취를 시작했다. 성냥갑처럼 작은 방 하나에 부엌이 딸려 있고, 방과 방이 다닥다닥 붙어 있는 스레트집이었다.
간혹 찬거리가 떨어지면 중심가인 동상동 시장에 갔다. 자취생의 주머니는 늘 배가 갈린 돼지 저금통처럼 비어 있었다. 어쩌다 큰맘 먹고 시장통 칼국수라도 한 그릇 먹는 날이면 세상 부자가 부럽지 않았다
"이네야, 이네야, 칼구씨 마싯다." 어눌한 어조지만 분명하게 들렸다. 사촌 오빠였다. 나를 만나 반가운 내색을 하며 언제나처럼 하얀 이를 드러내며 순박하게 웃고 있었다. 오빠를 아는 척하는 게 부끄러웠다. 아는 아이냐고 묻는 국숫집 주인에게 모르는 사람이라고 시치미를 뗐다. 몇 번이고 칼국수 집으로 들어오려는 오빠를 주인은 혼을 내며 쫓아냈다. 그날만큼은 칼국수가 퍽퍽한

고구마처럼 목구멍을 메웠다.

가끔 골목을 돌아다니거나 음식찌꺼기 같은 것을 뒤지고 있는 오빠를 본 적이 있다. 아는 척은커녕 애써 오빠를 피해 골목을 돌아서 갔다. 방황이 아니라 혼란스럽고 당혹해서 돌아가는 골목이었다. 한참 어려 보이는 꼬맹이들에게 둘러싸여 놀림을 받고 있는 오빠를 보기도 했다. 굳이 외면하며 지나친 적도 있다. 오빠가 손찌검을 당할지도 모르는데 그때는 왜 작은 용기조차 나지 않았을까.

어느 날, 막다른 골목에서 오빠를 만났다. 나도 모르게 먼저 사람들이 있는지 주위를 살폈다. 그냥 지나치려는 순간, 오빠의 진흙투성이 바지와 까진 무르팍이 보였다. 아픈 것도 모르고 해맑게 웃고 있는 모습에 마음이 아려왔다. 여느 때처럼 나를 반가워하는 오빠에게 처음으로 다가갔다. 흙을 털어주며 다친 곳이 없는지 살폈다. 빨리 집에 들어가라고 다그치는 내게 오빠는 천진스러운 웃음을 보였다. "이네 조아." 반복하는 말에, 나는 뿌듯하기보다 쥐구멍이라도 들어가고 싶었다. 그럼에도, 그 골목을 벗어나면, 다음에는 오빠를 도와줄 수 있는 용기가 생겨나길 바랬다. 하지만 그런 기회는 다시 오지 않았다.

그때는 사회복지 제도나 시설이 미흡한 시절이었다. 장애아동을 위한 보호시설도 부족했다. 사촌 오빠는 학교에 적응하지 못했고, 가정의 돌봄도 제대로 받지 못했다. 삼촌이 출근하고 나면,

숙모 혼자서 돌보기는 버거운 아이였다. 오빠의 배회 공간은 자연스레 먹거리가 많은 시장통이 될 수밖에 없었다. 동상동 골목의 바보 아이로 불렸던 오빠는 예고 없이 나와 불쑥불쑥 마주칠 때가 있었다.

도시 재개발로 도심의 골목들은 하루가 다르게 변화하고 있다. 그러나 동상동 골목은 벗어날 수 없는 운명과도 같이 그 자리를 지키고 있다. 대부분의 옛 모습을 그대로 간직한 채 늙어가고 있다. 수치스럽던 그때의 나를 만나는 동상동 거리를 한동안 피해 다녔다.

삼촌에게 오빠 소식은 금기어가 되었다. 꺼내는 이도 묻는 이도 없다. 어렴풋이 전해 들은 소식은 장애인 시설로 보내졌다는 것뿐이다. 이제는 오빠가 나를 모르고 지나쳐도 내가 먼저 다가가 오빠를 살뜰히 챙기고 싶은데, 지금까지 오빠를 본 적이 없다.

동상동 골목에 가면 나를 보며 환한 웃음으로 다가오는 사촌 오빠가 아직 살고 있다.

"오빠야, 이네랑 마싯는 칼국시 묵짜."

오빠의 손을 잡고 골목 어딘가에 피어 있을 백일홍 꽃구경도 했으면 좋겠다.

#같은 그녀

느닷없이 그녀가 나타났다. 수제 쿠키를 한 바구니 들고 왔다. 고소한 냄새가 그녀보다 먼저 도착해 직장 건물 안을 가득 채운다. 라일락 같은 향기를 양념처럼 섞어서 환하게 웃고 서 있다. 직원들과 나눠 먹게 준비한 과자는 엄청 난 양이었다. 나비처럼 한들거리는 하얀 레이스 원피스가 그녀의 기분같이 나풀거렸다. 덩달아 나까지 기분이 좋아지는 것은 지난 주말에 있었던 그 일 때문이리라.

그녀와 나는 닮은 구석이 없다. 탁구공처럼 통통 튀는 듯이 열정적인 그녀의 모습을 늘 닮고 싶다. 음계의 #같은 여자였다. 미술 전공자지만 사람들이 모이는 곳이면 그녀의 끼가 발동한다. 머리에 수건 하나 동여매고는 시골 아낙으로 변신해 퍼포먼스를 할 때도 있다. 주위의 시선 따위에는 아랑곳없이 진지하게 몰입하는 모습에 블랙홀처럼 빨려 들어간다. 화통해 보이는 성격은 가까이 가기에는 두렵고 부러운 존재였다. 먼발치에서 지켜볼 뿐 좀처럼 친해질 계기가 만들어지지 않았다.

어느 날, 그녀가 나만을 위해 이른 봄을 선물했다. 이심전심이었을까. 그녀도 나에게 관심이 있었던 모양이다. 하루를 부채처럼 펼쳐서 그녀의 고향 구석구석을 구경시켜 주었다. 조심스럽게 정이 움트는 둘 사이처럼, 감나무의 새순이 잠자리 날개처럼 꼼지락거리며 올라오는 날이었다. 혼자만 아는 비밀 아지트라고 안내하는 곳은 감탄사가 절로 나오는 저수지였다. 빈 배 두 척이 머리를 마주하고 다정히 쉬고 있고, 청둥오리들이 알파벳 S자를 그리며 자유자재로 지나갔다. 저수지의 잔물결은 물가에 핀 노랑 애기똥풀의 외로움을 쓰다듬고 있었다. 광대나물의 꽃 무리가 부러운 듯 목을 빼고 지켜보고 있다. 이 소박하고도 정겨운 풍경을 보며 두 사람은 다른 듯 닮았다는 것을 알았다.

야외용 식탁까지 준비해 아무도 흉내 낼 수 없는 점심상이 차려졌다. 흰 광목의 테이블보를 펼치고, 미니 화병에 들꽃 몇 송이를 꽂으니 어떤 고급 레스토랑도 부럽지 않다. 그런 우리들의 만찬을 연초록의 나무들이 사열해서 엿보며, 키 작은 봄까치꽃도 방긋거리며 까치발로 기웃거린다. 물오리 한가로이 떠다니는 호수를 바라보며 먹는 밥은 '황후의 밥상' 못지않았다. 상춧잎처럼 싱싱한 봄날을 선물 받고, 들뜬 기분으로 그녀의 친정집으로 향했다. 엄마가 돌아가신 지 얼마 되지 않은 나는 그녀의 엄마를 보자 왈칵 눈물이 앞섰다. 그녀의 어머니는 폐암 진단을 받았으나 아직 당신의 병명을 눈치채지 못했다고 한다.

　상기 된 기분처럼 은은한 모과꽃 노을빛이 깔리는 저녁이 되었다. 텃밭의 푸성귀를 손질해서 엄마표 밥상이 차려졌다. 유채화전, 뽕잎전, 평소에는 먹을 수 없는 귀한 먹거리다. 점심상보다 더 화려한 밥상 위에 흔들거리는 전등의 그림자처럼 엄마 얼굴이 자꾸 아른거렸다.

　편찮으신 그녀의 엄마가 자꾸 눈에 밟혔다. 시간이 허락하면 영양제 주사를 놔 드려야지 하고 작정했다. 살아생전에 엄마는 영양제 주사를 좋아했다. 끙끙 앓다가도 주사를 팔뚝에 꽂고 고개 한번 돌리고 나면 다 나았다고 말했다. 만병통치약이었다. 영양수액을 준비해 차 트렁크에 싣고 다녔다. 그녀의 친정 동네 가까운 곳을 지나칠 때면 짬을 내려고 했다. 번번이 기회는 오지 않았고 시간만 하릴없이 흘렀다.

　그녀의 SNS에 엄마가 돌아가셨다는 글이 올라왔다. 가슴 한켠에 세찬 바람이 몰려왔다. 두 눈에 슬픔을 그렁그렁 담고 있는 그녀를 만났다. 살뜰히 엄마를 챙기던 그녀의 맘을 위로할 길이 난감했다. 봄나물을 캐자고 무작정 나의 친정 동네로 이끌었다. 쑥을 캐는 것인지 추억을 캐 담는 것인지 여자 둘은 각자의 엄마 생각을 캐기에 바빴다. 언덕배기의 청매화 몇 송이가 벙글어 그리움보다 더 진한 향기를 뿜어내고 있었다.

　영양제 주사 이야기를 조심스레 꺼냈다. 그녀 엄마에게 놔 드리려고 차에 싣고 다닌 이야기가 지금 무슨 소용이 있으랴. 요즘 남편 건강이 안 좋으니 영양제를 대신 놔 줄 수 없냐고 했다. 흔쾌히 수락하고 그녀의 집으로 향했다. 그렇게라도 해서 내 마음의 무게를 가볍게 비우고 싶었다.

뜻밖에 그녀가 노인 한 분을 모시고 왔다. 그녀의 시어머니였다. 자초지종은 나중에 듣기로 하고 주사액부터 꽂아 드렸다. 아기 손처럼 부드러운 살결이며, 정갈한 옷매무새며, 단아한 미소를 머금은 고운 인상이었다. 덥석 손이라도 잡고 싶은 노인분들과는 사뭇 다른 분위기의 어른이었다.

그녀와 시어머니 사이엔 풀리지 않는 앙금이 쌓여 인연을 끊고 지냈다고 한다. 한 해 두 해 세월이 흐르면서 누가 먼저 나서서 화해의 손길을 내밀 기회를 놓치고 말았다. 문득, 내가 꺼낸 영양제 이야기에 시어머니 얼굴이 떠오른 것이다. 집으로 오다 요양병원에 계신 분을 급히 모시고 온 것이다. 노인의 마른 명태 껍질처럼 건조한 팔뚝으로 수액이 떨어지고 있다. 한 방울 두 방울. 두 사람의 상처에 붙은 응어리를 녹여 낼 기회가 지금이구나 하고 직감한 건 나였다.

"어르신 저는 두 분 사이에 어떤 일이 있었는지 모릅니다. 오늘 이렇게 살가운 며느님 모습을 보셨으니 지금부터라도 이쁘게 보시고 그동안의 섭섭함은 푸세요."

"선생님도 젊은 시절의 힘들었던 시집살이는 잊으시고 늙고 병약한 어머니를 연민으로 봐주시고 그 마음을 받아 주세요."

두 분의 감정이 얽혀 단절된 사연을 나는 모른다. 그저 온몸을 돌고 있는 수액처럼 좋은 기운으로 해묵은 앙금을 몰아내고 싶었다. 어설픈 중재였지만 두 사람의 마음이 조금씩 열렸다. 시어머님이 먼저 "용서해라, 며늘아." 하며 눈물을 보였다. 이어 그녀도 "저도 억시기 잘한 며느리는 아닙니더." 놀라운 화해가 순식간에 이루어졌다. 두 사람의 극적인 상황 전개에 나는 놀랄 뿐이었다. 마땅한 계기가 없어 서로의 마음 자락에 진심이 닿지 못하고 있었던 것 같다. 그녀가 시어머니의 야윈 발을 곱게 감싸고 주무르기 시작했다.

공주처럼 손에 물도 안 묻히고 사신 시어머님은 며느리를 시집살이깨나 시킨 듯하고, 친정엄마의 삶과 너무 다른 시어머니가 이해 안 되기는 그녀도 마찬가지였던 모양이다. 몇 년 동안 쌓인 원망의 시간을 녹여 준 수액제가 고마운 건 세 사람 모두였다. 한 방울씩 떨어지는 영양제가 그동안 두 사람의 닫힌 마음을 열어 포용의 세포 하나하나를 움직였다. 이기심에 가로 막힌 강물을 흐르게 해서 넓은 화해의 바다가 되는 순간이었다.

내 마음의 짐 놓고자 한 일이 누군가에게 용서와 화해의 계기가 되었다니. 돌아가신 그녀의 엄마가 하늘에서 웃으시며 바라보고 계시지는 않을까. 어쩌면 당신이 영양제를 맞은 것보다 몇 배로 기뻐하실 것만 같다. 바삐 떨어지는 수액의 속도를 조금 조절하면서 비시시 나오는 웃음을 애써 참았다.

그녀가 전해준 선물을 만나는 사람마다 하나씩 건네주었다. "이 쿠키 어디서 샀어요? 너무 맛있어요." 묻는 사람이 있다. 선뜻 답할 말이 떠오르지 않는다. 세상 어디에서도 구할 수 없다. 화해가 만들어준 사랑의 쿠키를 어떻게 설명해야 하나.

오늘 저녁에는 #같은 그녀를 만나야겠다.

모젓

　설날이 다가온다. 이제 엉덩이를 실룩거리며 잰걸음으로 이집 저집 심부름 다닐 일이 없다. 밤마다 설빔을 꺼내 보고 잠드는 설렘도 사라졌다. 평소와 별다를 게 없이 평범한 날 들이다. 가족 선물을 준비하기 위해 대형마트에 들렀건만. 딱히 정해 놓은 물건이 없어 쇼핑 카트만 끌고 두 바퀴 채 돌고 있다. 식료품 판매대에서 머뭇거리다 불현듯 어떤 생각이 떠올랐다. 급히 빈 수레를 내팽개치고 재래시장으로 발길을 돌렸다.
　세밑 재래시장은 인산인해를 이룬다. 인파에 밀려 물건은 안 보이고 앞사람 뒤통수만 쳐다보고 걸어야 할 판이다. 옛날에는 일일이 집에서 준비하던 음식을 요즘은 시장에서 거의 완제품이 된 것으로 사다 나른다. 떡과 나물, 부침개까지 시장 제품이다. 무거워 보이는 것을 양손 가득 들었을지라도 사람들의 표정은 환하게 밝다.
　내가 찾는 물건은 쉽게 눈에 띄는 것이 아니니 걱정이 앞섰다.

반찬가게 서너 집을 허탕 치고 나니 때를 놓친 허기가 몰려왔다. 시장 난전에서 파는 국수 한 그릇을 먹을 참이다. 팔순을 넘어 보이는 할머니의 국숫집에 들렀다. 국수를 마는 익숙한 손놀림이 재바르다. 넌지시 내가 구하는 물건 파는 곳을 아는지 여쭈어보았다. 흔치 않은 것을 찾는다며 내 얼굴을 자세히 훔치셨다. 웬걸, 할머니가 쓸려고 준비해 놓은 것이 있다고 한다. '죽은 영감이 하도 좋아해서 설이면 꼭 챙기는데 인제 먹을 사람이 없네.' 힘들게 찾던 것을 뜻밖의 장소에서 구매했다. 보물처럼 소중히 들고 집으로 발길을 재촉했다.

명절을 앞두고 가장 분주한 곳은 집안의 부엌이다. 찐쌀, 멥쌀, 콩, 참깨 등을 볶아서 강정을 만드는 날의 굴뚝은 고소한 연기를 피워 올렸다. 봉창에 목을 빼고 침 흘리고 있으면 가장자리 부스러기라도 한 조각 얻어먹을 때가 온다. 겉보리에 싹을 내어 조청을 만드는 날은 온 집안이 달곰해서 집 밖에서만 놀던 아이들도 부엌 앞을 떠나지 않는다. 노르스름한 조청이 점점 졸아들기 시작하면 단 냄새는 담장을 넘어, 온 동네를 들썩거리게 했다. 외양간 누렁이도 달큼한 냄새에 콧구멍을 벌룽거릴 때 즈음, 됫병에 식은 조청을 옮겨 담는다. 병 밖으로 흘러내리는 것을 엄지손가락으로 훔쳐서 한입 얻어먹게 되는 순간이다. 이렇듯 설날의 아련하고 달콤한 기억은 손가락 끝 조청 맛처럼 달달하다.

탕탕 탕탕! 요란한 소리에 잠을 깼다. "엄마, 이게 뭐야?" 도마에 널브러져 있는 알 수 없는 음식 재료를 처음 보는 순간이었다. 대구의 내장과 아가미를 잘게 자르고 뽀얀 살코기는 포를 떠, 먹기 좋게 잘랐다. 남은 뼈는 칼의 무딘 쪽으로 탕탕 소리가 날 정도로 잘게 으깨어 다졌다. 대구 한 마리가 버릴 것 없이 준비되면 소금에 절여서 서늘한 곳에 며칠을 보관한다. 대구 '모젓'이다.

  모젓은 경상도 지방의 향토 음식으로 장지젓이라고도 부른다. 강원도 지방에서는 명태를 재료로 만들기도 하는데 서거리젓이라 불렀다. 잘 삭혀진 모젓에 손톱만 한 크기로 납작하게 무를 썰어 넣어 김치를 담근다. 설이면 우리 집에서 맛볼 수 있는 세상 어디에도 없는 모젓 김치. 부엌 근처도 얼씬거리지 않던 아버지가 이날만큼은 부엌 안을 기웃거린다. 엄마가 모젓김치를 담그는 날이면 나는 막걸리 주전자를 들고 점방으로 냅다 달려야 한다. 이것을 안주 삼아 술 한 잔 들이키며 빙그레 웃고 계셨던 아버지의 모습이 지금도 생생하다. 탕탕 도마소리가 들리고 일주일 정도 지나면 어김없이 설이었다. 따로 손꼽지 않아도 언제나 그랬다. 잠결에 듣는 도마질 소리는 맛있는 음식을 먹고, 새 옷을 입을 수 있는 설이 다가온다는 신호였다.

  국숫집 할머니의 정성이 느껴지는 모젓은 손질이 잘 되어 있었다. 옛날에 먹었던 맛을 떠올리며 엄마의 손놀림처럼 무를 썰고 잔파도 송송 썰었다. 새우, 멸치젓갈을 반반 준비하고 고춧가루, 마늘을 넣고 버무렸다. 하얀 무와 모젓이 고춧가루 옷을 입으며 발갛게 어우러졌다. 준비한 통에 옮겨 담았다. 들뜬 기분 탓인지 김치가 자꾸 통 밖으로 흘러내렸다. 한 입 주워서 입에 넣어 본다. 엄마가 만들었던 맛이다. 온 식구가 젓가락 부딪히며 먹던 그때 추억의 김치 맛이다.

엄마 돌아가시고 모젓 김치맛을 못 본다는 큰오빠의 흘러가는 소리를 들었다. 불현듯 엄마 흉내를 내 봐야겠다고 작정했다. 완벽하지는 못해도 엇비슷하게라도 만들어 형제끼리 나누어 먹어야겠다는 작정을 했다.

"너는 해마다 이 김치만 준비해라."

"요즘 내가 밥 때만 기다린다 아이가."

"우리 막내가 큰일 했네."

"또 없어?"

빗발치는 오빠와 언니들의 전화를 받고서야 '참 잘한 일이구나'라고 생각하며 풍선처럼 부풀어 오르는 기분이 들었다. 난데없이 엄마의 도마 소리가 가족의 전화 소리에 뒤이어 들려오는 듯했다.

시장통 할머니가 생각났다. 설이 이틀 지난 재래시장은 개미 새끼도 없이 한적했다. 수선스럽게 복작거리던 세밑 풍경과는 사뭇 달랐다. 가게 문을 연 몇몇 곳만 드문드문 불을 밝히고 있다. 할머니의 노점은 광고 현수막을 잘라 손바느질로 이어 붙인 천 조각으로 덮여 있다. 첫날은 허탕을 쳤다.

주말에 다시 그곳을 찾았다. 모젓 김치통을 내밀며 인사를 건네니 할머니가 그제야 나를 알아보는 눈치다. "이 귀한 걸 나 준다고 들고 왔냐?" 하시며 한참을 김치통만 물끄러미 쳐다본다. 아마도 모젓 김치를 좋아했던 할아버지 생각이 나신 듯했다. 애써 내 눈길을 피하며 국수 한 그릇을 말아 준다. 국숫값을 드리니 안 받겠다며 손사래를 친다. 밀고 당기고 하다 앉은뱅이 목욕탕 의자에 돈을 두고 일어났다. 한참을 지나왔을 때, "내년 설에도 올겨? 대구는 내가 잘 손질해 놓을게." 자리에서 일어난 할머니의 밝은 목소리가 또렷이 들린다. "네~ 할머니~" 주위 사람들이 쳐다볼 정도로 큰소리로 대답했다.

　도마를 탕탕 치며 환하게 웃고 계시는 엄마의 모습이 눈앞에 아른거린다.

산해정

산동마을은 산수유 천지다. 소박한 마을이 돌담 벽과 어우러진 산수유의 한바탕 꽃 잔치터다. 구경하는 사람마저 노랗게 꽃물이 들어 벙글어진 웃음꽃을 피워내고 있다. 겨우내 어디에 이 엄청나고 신비한 노란 별들을 숨겨 두었다가 꺼내는지 놀랍기만 하다. 이른 봄볕이 산수유 마을에서는 돌아갈 길을 잃어버렸다. 해거름인데도 높은 교회당 종탑 위에까지 휘늘어지게 웃고 앉아 꽃구경을 하고 있다. 노랑 물감을 풀어 놓은 듯 물결치는 산수유의 향연에 별도 사람도 취했나 보다. 하지만 내 기억 속의 초라한 산수유 몇 그루가 더 향긋하게 피어난다.

산해정 마루 끝에 앉아서 탁 트인 김해평야를 바라보고 있다. 동갑내기 사촌인 천수랑 대청마루 청소를 막 끝낸 무렵이다. 삼월이라지만 한낮이 아니면 아직 겨울의 한기가 시샘한다.

어디서 솔솔 비린 듯 향긋한 냄새가 코끝을 간지럽힌다. 노란 꽃이 송이송이 달린 나무가 나를 내려다보고 있다. 개나리꽃인

줄 알았는데 이름도 생소한 산수유꽃이란다. 노란 꽃들의 향기에 취해서인지 나른함 때문인지 대청마루에서 스르르 잠이 들면, 내 안에 막무가내로 들어오는 봄을 막을 수 없다. 대청마루의 차가운 한기를 노란 산수유꽃이 폭죽처럼 불을 피워 따뜻한 아랫목으로 만들었는지 모른다. 나는 산해정 마루청에서 꿀잠을 자곤 했다. 그때 내 나이 열 살쯤이었다.

산해정은 조선 중기의 문신 학자 남명 조식 선생이 학문을 정진하던 곳이다. 산해정의 뜻은 '높은 산에 올라가서 바다를 바라본다'라는 의미다. 공부는 산을 오르는 것과 같아 경지가 높을수록 넓고 멀리 정확하게 볼 수 있다는 다짐을 담고 있다. 경상좌도의 퇴계 이황이 있다면 경상우도에는 남명 조식이 있었다. 같은 시대의 사람들인데도 퇴계 이황은 널리 알려진 인물이지만 남명은 그렇지 못하다. 아마도 남명이 과거에 급제하였으나, 벼슬을 거부하고 평생 경의 사상을 실천하는 실학자로서 살았던 산림처사였기 때문인지도 모르겠다.

남명은 처가가 있는 내 고향 김해 대동에서 18년 동안 살았다. 올곧은 선비로서 오직 학문과 제자들 교육에 힘쓴 곳이 바로 산해정이다. 이곳에서 진정한 학자로서의 기반을 다지기도 했다. 여러 선비가 모여 학문을 강론하고, 낭랑하게 글 읽는 소리가 낙동강 끝자락에 닿아 넓은 바다로 향했다고 한다.

60~70년대의 산해정은 폐허였다. 국가적인 차원에서 문화재

를 관리하던 시절이 아니었다. 동네 아이들의 숨바꼭질 놀이터에 불과했다. 기와지붕, 토담, 대문, 성한 곳 없이 허물어져 갔다. 그런 산해정을 손질하기 시작한 분이 계셨다. 큰아버지셨다. 남다르게 손재주가 있어 목재 집 한 채도 뚝딱 지으셨던 분으로 기억한다. 우리 할머니가 남명과 같은 창녕 조씨라는 연유로, 무너져 가는 산해정을 그냥 두고 보기에는 큰아버지의 마음이 허락지 않았다.

매년 산수유가 필 즈음이면 산해정으로 향했다. 초등학생인 나는 사촌 천수와 영문도 모르고 따라나섰다. 대청마루를 윤기 나도록 닦는 일은 어린 우리 차지였다. 엉덩이를 치켜들고 기차놀이를 하듯 내 달리면서 마루를 닦았다.

"께을 지기지 말고 부지런히 닦아라. 학문 높으신 분이 하늘에서 보고 계시다가 너거들한테 공부 잘하는 총기를 주실끼다."

큰아버지의 채근에 게으름 피울 새도 없이 마루며, 문살이며, 구석구석을 청소했다. 나는 청소하다 큰아버지가 하고 계신 담장 쌓기가 너무 하고 싶었다. 아이라고 만류했지만 몇 번 졸라 담쌓기를 하게 되었다. 손에 만져지는 되직한 황토의 매끄러운 촉감이 좋았다. 겐 흙 위에 돌을 나란히 얹고, 또 그 위에 돌이 보이지 않게 겐 흙을 올리는 과정이었다. 흙담을 쌓아갈수록 돌담 너머 있는 산수유나무가 보였다 안 보였다 숨바꼭질했다. 연례행사처럼 산해정을 손질하고 나면, 마치 봄이 기다렸다는 듯이 왔고 산수유나무는 더욱 향기로운 꽃을 피웠다.

학교에서 선생님께 칭찬받는 날이면 산해정에 사셨다는 어르신이 총기를 많이 주신 거라 여겼다. 어린 기억에 그 어른과 나는 맺은 적 없는 협약 같은 것을 했다고 믿었다. 매년 산해정 청소를 잘해 드리는 것에 대한 보상으로, 그분은 나에게 공부를 잘하는 영리함을 주신 것이 아닐까. 청소보다 놀기에 바빴던 천수에겐 영리함을 덜 주셨던 것 같다. 단명할 운명이라고, 여자아이 이름을 천수라고 지었지만 사십을 겨우 넘기고 하늘나라로 가버렸다.

이른 봄이면 발길이 산해정으로 향한다. 허물어져 가던 옛 모습을 지금은 찾을 수 없다. 현판이며 마루며 마당의 작은 앵두나무마저 사람의 손길이 묻어있다. 담장 너머 키 작은 산수유나무는 이제 담장을 훌쩍 넘어섰다. 산해정 안에서 무슨 일이 일어나는지 지켜보는 보초병 같다. 흙담을 더듬는 내 주름지고 거친 손에 남다른 그리움이 켜켜이 묻어난다.

정성스럽게 산해정을 손질하던 큰아버지는 오래전 땅보탬이 되셨다. 문화재 보존에 아무런 관심도 없던 시절, 자비를 들여서 보수하고 돌보신 노고를 기념하는 큰아버지의 공덕비가 산해정 뜰 안에 세워졌다. 그 시대의 숨은 헌신에 오늘날의 산해정이 있지 않나 싶은 마음에 흐뭇할 뿐이다.

이제 붉은 노을이 삼키는 산동마을의 꽃 대궐을 벗어나야 할 시간이다. 노란 별꽃 잔치를 펼치는 산수유축제장에서, 작고 초라했던 산해정의 산수유가 이토록 그리운 것은 무엇일까? 나는 언제나 그날의 볼품없던 산수유꽃 향기 속에서 달콤한 꿈을 꾸고 싶다. 그 꿈속에서는 남명 조식 선생도 뵙고, 큰아버지도 만나고, 큰아버지의 여식인 내 동무 천수도 만나고 싶다.

접接

　식물에도 저마다의 삶이 있다. 떡잎 한 장으로 새순이 돋는 어린 시절을 거치고, 잎이 무성한 청소년기로 접어든다. 꽃을 피우는 절정기를 지나면 열매를 맺고 결실을 거두는 황금기가 찾아온다. 인간의 삶과 다름없이 잎과 줄기가 시드는 황혼기를 맞으며 한 생을 끝낸다.

　우리 집은 수박, 참외, 토마토 농사를 지었다. 씨뿌리기, 모종 심기, 사름 하기, 순 따기 등의 성장 과정을 잘 알고 있다. 이른 아침 비닐하우스의 문을 여는 순간, 밤새 토해낸 식물의 날숨이 한꺼번에 문밖으로 왈칵 쏟아진다. 흙에서 나는 퀴퀴한 거름 냄새가 싫지 않다. 밤새 비밀스레 공모하다 들킨 듯 자욱한 안개가 바삐 흩어진다. 환기 구멍을 열어젖히자 아침 햇살이 앞다투어 들어와 서로를 껴안고 있던 초록 싹의 어깨를 두드려 깨운다. 일제히 빛이 들어오는 쪽을 향해 아침체조를 하듯이 활기를 찾는다. 떡잎에 스며있던 습기가 뽀송해지면 농부의 손길은 바빠지기 시작한다.

참외는 접을 붙여서 성장시킨다. 참외 모종의 성질은 연약하다. 여름철을 버티는 식물이면서 습기에 가장 취약했다. 병충해도 약했다. 이와 달리 호박의 뿌리는 척박하고 물기가 많은 땅에서도 잘 자란다. 그 성질을 이용해 호박의 떡잎을 모주某主로 하여 참외의 순을 이식移植한다. 참외는 신부가 되고 호박은 신랑이 되는 접붙이기를 하는 것이다.

참외를 접붙이는 날, 하우스 안은 사람들로 왁자지껄 붐볐다. 잔칫날처럼 분주했다. 특별히 맛난 음식도 준비했다. 나는 어릴 때부터 손이 재발랐다. 먼 동네에서 비싼 품삯을 주고 데려온 기술자들의 접붙이는 손놀림을 곁눈질로 익힌 나는, 우리 집은 물론이고 이집 저집 불려 다닐 만큼 접붙이는 재주가 있었다.

호박을 파종하고 일주일쯤 지나면 떡잎 두 장만 남기고 순은 잘라냈다. 참외는 본잎이 오십 원 동전 크기만 하고 두 번째 잎이 새의 주둥이처럼 나올 때 비로소 접을 붙인다. 예리한 면도날로 호박의 떡잎 사이를 가르고, 그 틈에 참외의 새순을 사선으로 잘라 끼웠다. 얇은 습자지로 상처 부위를 돌돌 말아 둔다. 포트에 참외 접을 붙인 호박을 다시 심고 착근이 되도록 기다린다.

이식수술이 끝나면 중환자실 같은 비닐하우스에서 3~4일 절대 안정을 취한다. 물론 병문안도 사절이다. 꺼지기를 덮어 바람도 빛도 차단하고 숙연한 기다림의 시간을 가진다. 참외잎 가장자리에 방울방울 이슬이 맺히면 접이 잘 붙은 것이다. 수술 후 피가 잘 통하는 증거로 여겨 서서히 빛을 쬐어 준다. 참외 모종은 접붙이기를 통해 품종을 개량하여 병충해와 더위에 강한 작물로 거듭난다. 호박의 든든한 뿌리를 모근으로 버티며 열매의 품질이 향상되고 풍성한 수확을 기대해도 된다.

　참외 접붙이기처럼 나는 참외 순이 되어 호박이 될 만한 남자를 만났다. 처음에는 그의 단점이 눈에 띄어 결혼까지 전혀 생각하지 않았다. 그의 아버지가 갑자기 쓰러져 큰 수술을 받게 되어, 장남인 아들의 결혼을 서두르게 되었다. 나는 등 떠밀려 결혼은 했지만, 그가 호박 뿌리처럼 어떤 땅에서도 뿌리를 잘 내리리라 믿었다. 때로는 내가 풍성하게 잎을 피워 뿌리의 노고를 대신하리라는 가당찮은 다짐도 했다. 그를 지탱한 내 삶의 접붙이기는 더 견고해지리라 여겼다. 무성하게 줄기를 뻗어 잎 달고 꽃 피우고, 열매 맺으면 된다는 게 소박한 내 희망의 전부였다.

　호박의 뿌리가 시도 때도 없이 흔들거렸다. 한밤중 파출소에 불려가기도 하고, 뜬 눈으로 움츠린 밤을 새우기도 했다. 생경한 경험을 하면서 뿌리의 안전만을 살폈다. 참외의 잎이 찢겨나가는 일이 반복되었다. 심지어 잎, 가지, 새순이 망가졌다. 그럼에도 새날같이 새잎을 피워 내 밭을 지키는 것을 도리로 여겼다. 아이가 태어나고 내 몸은 자꾸 바스락 소리를 내며 부서졌고, 눈물조차 습기를 잃어갔다. 아이의 범부채 꽃잎 같은 작은 손가락이 엄마를 끌어당기는 날에도 나는 아이를 그의 폭력 앞에서 지키지 못했다. 길바닥에 온몸을 드러낸 지렁이처럼 처참하고 처량한 내 꼴과 자주 마주했다. 박제 인형처럼 정지된 3년의 삶이 속절없이 흘렀다. 가끔 죽음을 외진 구석에 세워 두는 날까지 있었다. 그동안 아이가 자라 두 돌을 넘겼다.

 더는 내 밭이 처참히 망가지는 것을 지켜볼 수 없었다. 내 손으로 호박 뿌리를 뽑을 결심을 했다. 제 자리를 찾지 못하고 뻗어나가지 못하는 뿌리에는 무성한 잎이 무사히 달릴 수 없다. 접붙이기는 기대 이상의 풍작을 가져오기도 하고 제대로 뿌리를 내리지 못하면 잎이 시들어 결실을 보지 못할 때도 있다. 그와 나의 접붙이기는 실패였다. 나의 결혼 생활은 그렇게 끝이 났다.

 여름 한 철, 참외 수확이 끝나면 잎이 시들고 줄기가 마르기 시작한다. 아버지는 죽어가는 참외 골 위에 다시 비료를 뿌렸다. 며칠이 지나면 모근이 된 호박의 뿌리 쪽에서 참외의 새순이 돋아났다. 호박 뿌리의 놀라운 힘을 빌려 참외가 부활한 것이다. 그렇게 살아난 참외를 '두불참외'라 불렀다. 접붙인 호박의 강인한 생명력이 참외의 명줄을 이어 놓은 것이다. 참외의 두 번째 생이 열렸다.

 두불참외는 다소 상품성이 떨어진다. 껍질은 얇고 첫물참외보다 당도가 약하고 크기도 작아 선뜻 눈에 들어오지 않는다. 하지만 두불참외의 장점도 더러 있다. 요리깨나 하는 분은 물외 장아찌를 담는 용도로는 일등품으로 취급한다. 단맛이 덜하며 아삭하게 수분을 머금은 식감을 최고로 친다. 때깔 좋고 먹음직스러운 것보다 작은 크기의 참외가 맛있다며 따로 찾는 사람도 있다.

　식물은 완전히 죽는 순간까지 허투루 시간을 허비하지 않는다. 잎을 키우고 꽃을 피우고, 달든 쓰든 자신만의 노력으로 열매를 매단다. 한 번의 생에 또 한 번의 생을 더해서 살아 내기도 한다. 그 삶이 성공하지 못해도 결코 실패는 아니다. 이제, 나는 그것을 안다.

젖꼭지를 누를까요?

　누구에게나 한 가지 정도의 습관이 있다. 다리 떨기, 펜 돌리기, 손톱 깨물기처럼 의미 없이 반복하는 버릇이 참으로 다양하다. 이런 습관은 무엇인가에 집중했을 때 자신도 모르게 스멀거리며 모습을 드러낸다. 몸에 밴 좋은 행동은 은연중 불쑥 행해져서 주위에 도움을 주기도 한다. 가끔 좋은 습관보다 나쁜 습관 때문에 낭패를 보거나 곤경에 처할 때도 있다.
　김유신 장군과 기생 천관녀의 사랑은 잘 알려진 이야기다. 김유신 장군이 기생 천관에게 정이 끌려 그녀의 집에 자주 드나들었다. 이 모습을 지켜보던 장군의 어머니가 크게 노하자, 다시는 그곳에 들리지 않기로 어머니와 약조를 했다. 어느 날, 김유신 장군이 술에 만취해서 말에 오르자 말은 습관적으로 가던 곳으로 발길을 향했다. 천관녀의 집 방향이었다. 그녀의 집 앞에 다다랐을 때, 정신을 차린 장군은 그 자리에서 말의 목을 쳤다. 동물이 행한 습관적인 행동이지만 어처구니없이 일어난 일이었다.

습관은 무의식적으로 살아 움직이는 생명체와 같다. 반복적인 행동은 자신이 만들지만 결국에는 습관이 우리를 난처하게 만들 때도 있다. 습관이 내 몸의 일부분처럼 찰싹 붙어 있다. 공상과학 영화의 괴물처럼 우리 자신을 칭칭 동여매고 있는 듯하다. 뼈를 깎는 고통으로 습관화된 나쁜 버릇을 고치는 노력을 하지 않으면 제자리로 돌려놓기란 어려운 일이다.

몇 해 전, 나도 습관 때문에 일어난 해프닝이 있다. 직업상 업무의 대부분이 반복되는 일이다. 그 중 하나가 채혈하는 일이다. 주사기로 피를 뽑은 후에는 충분한 시간 동안 지혈을 하지 않으면, 피부 내에 출혈이 일어나 고생한다. 꼭 환자들에게 일러줘야 하는 채혈 후 주의 사항이 있다.

"오 분간 꼭 눌러 주세요."

고장 난 테이프의 녹음기처럼 자동으로 반복해서 나오는 말이다. 어느 날부터 직장 내에 업무 분담이 바뀌면서 심전도 검사를 담당하게 되었다. 환자가 상의를 벗고 반듯이 누워 행하는 심장 검사다. 6개의 전류가 흐르는 단자를 심장 부위에 부착하고 검사가 끝나면 단자를 몸에서 떼고 환자를 일어나게 한다. 병원이라고는 난생처음인 듯 해맑은 청년이 쭈뼛거리며 검사실을 찾았다. 검사를 마치고 '이제 일어나셔도 됩니다'라고 해야 하는데, 느닷없이 내 입에서 튀어나온 말은 엉뚱하게도 '오 분간 꼭 눌러주세요'였다. 난처한 기색이 역력한 젊은이는 들릴락 말락 작은 목소리로 주저하면서 질문을 했다.

"선생님, 젖꼭지를 누를까요?"

아뿔싸 이 일을 어쩌면 좋아! 황급히 상황을 설명하고 말실수를 인정했다. 상의를 벗고 누운 사람한테 오 분간 꼭 누르라고 했으니 얼마나 황당했을까? 환자는 도저히 젖꼭지밖에 누를 것이 없었다며 멋쩍게 웃었다. 나도 덩달아 무안하게 웃었다. 잠깐의 어색한 공기가 웃음으로 밝아졌지만, 더 큰 실수였으면 어땠을까 싶다. 습관이 가져온 실수는 기분 상하지 않게 마무리되었다.

축구 경기를 함께 보자는 핑계로 친구들이 만났다. 경기는 안중에도 없는 듯이 술판이 먼저 벌어졌다. 부딪히는 술잔의 경쾌한 울림이 오랜만에 만난 친구들의 목소리처럼 밝다. 축구공처럼 왔다갔다 안주를 나르는 손보다 술잔을 나르는 손길이 더 분주하다.

어쭙잖은 이야기에도 보름달 같은 웃음이 술상을 넘쳐나 방안을 가득히 밝힌다. 다들 얼굴에는 때아닌 저녁 노을빛이 일찍 내려앉았다. 게 중에 술잔을 입에 갖다 대고 여러 번 나누어 마시는 친구가 있다. 쓴 한약 사발도 아닌데 말이다. 그렇다고 술을 못 마시는 것도 아니고, 남들보다 적게 먹는 것도 아니다. 단지 술을 잘게 잘라 마시는 친구의 습관일 뿐이다. 아무리 원샷을 외쳐도 그 친구의 술잔은 늘 찰랑거리며 남아 있다. 취기가 더할수록 친구를 나무라는 소리가 커진다.

"니, 그 버릇 언제 고칠 끼고."

무조건 한 잔을 숨도 안 쉬고 마셔야 하는 친구들에게는 답답한 모습이다. 하지만 모두는 젊은 호기로 술잔을 급히 비울 나이가 지났다. 언제부터인지 그 친구가 함께한 술자리는 적당히 술을 줄여서 마시게 된다. '부어라, 마셔라'며 술이 사람을 먹는 의미 없는 시간이 아니라 서로의 근황에 귀 기울이게 된다. 친구의 마음 자락에 조용히 다가가는 시간이 되기도 한다. 나쁜 습관이라 핀잔을 줄 때가 있었지만 어느 순간부터 좋은 관계를 만드는 계기로 바뀌었다. 술잔의 속도보다 술자리를 함께한 상대의 건강 속도를 살피게 되었다.

"이 잔은 원샷이다!"

내 술잔을 친구의 술잔에 힘차게 부딪치며 건배를 외친다. 내 어떤 습관이 누군가에게 웃음이나 일탈의 해방감으로 다가갔으면 하는 마음으로….

질경이꽃

삶과 죽음은 손바닥과 손등 같다. 손바닥과 손등이 하나이듯 삶의 연장선에 있다. 살아간다는 말이 죽어간다는 말과 다르지 않다.

4부_여기가 끝이라면

의술은 인술이다
꼬시레
챗GPT
나타샤는 지금 어디쯤 날아가고 있을까
누름돌
담
감성백신
내 사랑 리톱스
여기가 끝이라면

의술은 인술이다

명의名醫란 어떤 의사를 말하는 걸까. '병을 썩 잘 고쳐서 널리 이름이 난 의사'는 사전적 의미다. 해마다 많은 인원의 의사들이 배출되어도 의료현장의 수급 상황은 부족하다. 반면, 사람들의 선호도가 높은 '인기과'는 지원이 넘쳐난다. 내과, 외과, 소아과, 산부인과 등 필수진료 분야의 의사는 찾기가 힘들다. 소신 있게 자신의 전문가적 적성을 고려한 기초 분야의 명의를 만나는 것이 힘든 세상이 되었다.

불의의 교통사고로 흉부외과 명의가 사망했다는 소식을 접했다. 슬픔, 아니 아픔이다. 이타적인 사회에 빛과 소금이 되었던 분의 죽음에 비통함이 앞선다. 그를 추모하는 사람들이 앞다투어 애도한다. '살아있는 신은 예수님, 부처님이 아니라 주석중 교수님이라 생각했다.'라고 남긴 어떤 이의 추모 글은 그의 삶을 짧게 요약한 말이다.

의술醫術은 인술仁術이라 생각한다. 아무리 뛰어난 실력이 있을

지라도 환자의 마음에 따뜻한 말 한마디 얹어주지 못하는 의사는 참된 의사가 아니다. '인술이 화술이며 곧 명의를 만든다'고 여긴다. 『동의보감』에서도 의사가 갖추어야 할 덕목에는 '병의 치료 이전에 마음의 다스림이 원칙'이라고 되어있다. 의사는 모름지기 어진 마음으로 환자를 대하여야 한다는 부탁이지 싶다.

전국적으로 입소문 난 병원에서 근무하고 있는 나는, 매일 또 다른 명의와 상봉한다. 자그마한 체구의 그분은 내가 일하는 병원의 원장님이다. 새벽 6시부터 환자들이 몰아치는 병원에 출근하는 직원들은 적잖게 불만도 있으리라. 하지만 환자를 생각하는 그분의 진심에 닿으면 금세 모두가 이해하게 된다. 그 분은 8시가 되기도 전에 진료를 시작한다. 환자는 진료를 받은 후 출근이 가능하니 얼마나 고마운 선생님일까. 일흔을 넘기신 분에게 어떻게 그런 에너지가 숨겨져 있는지 모를 일이다. 점심시간조차 쪼개어 오직 환자 돌보기에 온 정성을 쏟는다. 그분은 분명한 명의고 인의仁醫다.

암을 진단받고 수술 날짜를 잡았다. 건강검진에서 우연히 발견한 암이다. 신체가 고장나니 정신도 삐걱거렸다. 매사 긍정적인 나였지만 우울한 기분이 들쑥날쑥 넘나들었다. 분명 '암'이란 글자인데 자꾸 '죽음'이라는 글자로 보인다. 이면에 드리워진 불안을 떨치기 어려웠지만 애써 밝게 근무하고 있었다.

"조 선생! 옥상 화단에 복수초가 피었어. 노란색은 무엇을 상징

하는지 알지? 딱 이 꽃만 생각하면 돼. 아무 걱정하지 말고."
환자 진료가 가장 바쁜 오후 서너 시로 기억한다. 근무 부서로 느닷없이 나타나 핸드폰에 저장된 꽃 사진 한 장을 내민다. 샛노란 송이가 봉오리를 벌리며 막 피어나고 있는 복수초 사진이다.
"원장님, 바쁜 진료시간에 이걸 보여주려고 여기까지…"
말꼬리를 흐리는 내 말을 들었는지 말았는지 이미 저만치 걸어 나가고 있다. 그렇게 화단의 복수초는 내 마음밭으로 옮겨심기 되었다. 내내 밝고 화사하게 피어 불안한 마음을 안심시켰다. 옥상에 자리한 작은 꽃을 보면서도 수술을 앞둔 직원의 마음까지 헤아렸으니…. 그 순간만큼은 늘 봐왔던 복수초가 햇살 같은 따스함과 희망을 주는 생명꽃으로 다가왔다. 어째서 많은 사람이 줄을 서서 그분을 찾게 되었는지 미루어 짐작하고도 남는다.
명의는 환자의 한결같은 신뢰와 믿음에서 생겨난다. 그것은 하루아침에 만들어지지 않는다. 진심으로 그들의 병세를 살피고, 사소한 말에 귀 기울이고, 아픈 마음을 헤아리며 공부를 게을리하지 않는, 히포크라테스 선서를 몸소 실천하는 의사라야 가능하다.
진심을 담은 소통은 환자를 변화시킨다. 플라시보 효과를 불러온다. 환자에게 효능이 없는 약을 처방해도 진짜라 생각하고 먹게 되면 증상이 호전되는 것이다. 피그말리온 효과도 마찬가지다. 대상에 대한 긍정적인 기대와 관심 등이 그것을 진짜 그런 모습으로 만들고 좋은 결과를 가져오는 것이다. 신념이 효과를 나타내는 자기충족적 예언이라 여긴다.

우리 병원은 내과라 수술을 하지는 않는다. 어느 날, 환자 한 분이 말했다.

"내 병이 원장님 손으로 수술한 뒤로는 씻은 듯이 다 나았다니까요."

이해가 되지 않아 수술은 다른 병원에서 하지 않았냐고 했더니 버럭 하면서 펄쩍 뛴다. 특별히 원장님이 자신을 손수 수술 해주셨다고 강하게 믿고 있었다. 원장님을 향한 강한 신뢰이리라. 몇 시간씩 대기를 하면서도 진료받기를 원하는 환자의 마음속에는 늘 믿음을 주는 명의가 자리 잡고 있다.

반면, 업무적인 실수나 잘못에는 더 없이 엄격하다. 콧잔등 위로 안경을 내리고 세모 모양의 눈으로 노려보며 야단칠 때에는 간담이 서늘해 온다. 오직 환자를 위하는 마음에서 나오는 단호한 꾸지람이기에 흐트러지려는 근무 자세를 다잡게 된다.

때로는 환자를 볼 때와는 사뭇 다른 개구진 모습도 만난다. 일과를 끝내는 시간이 되면 근무 부서를 두루두루 돌면서 하루 동안의 수고를 격려한다. 이때 은근슬쩍 직원들의 핸드백, 소지품 등을 숨긴다. 물건이 없어졌다는 사실을 알아차리면 다들 허둥지둥 주위를 살핀다. 그러다 원장님을 발견하면, 이내 잡범이 누구인지 뻔하게 알려지고 거리낌 없는 친구 사이처럼 한바탕 깔깔거리게 된다.

며칠 전, 퇴근 시간이다. 나는 사 층에서 엘리베이터를 타고 일 층으로 내려가는 중이고, 삼 층에서 문이 열리면서 계단으로 걸어가던 원장님과 눈이 마주쳤다. 기다렸다는 듯이 나를 향해 양손을 하트 모양으로 만들며 마구 발사한다. 명의로부터 하트 세례를 받으면서 퇴근하는 사람 있으면 나와 보라지.

한 분의 명의는 안타깝게 세상을 떠났다. 생각할수록 애통한 마음이다. 허나 여기엔 따뜻한 온기를 품고, 냉철한 지적을 서슴지 않으며, 익살스런 천진함까지 지닌 명의 한 명이 있다. 이렇게 보이지 않는 곳에서 인술로 환자를 돌보는 수많은 명의가 있을 것이라 믿는다. 그렇기에 먹먹한 소식에도 마음의 슬픔을 뒤로 한다.

어딘가에 복수초가 피어난다.

꼬시레

　동글동글 먹음직스러운 참외 한 바구니를 내민다. 새로 이사 온 위층에서 아이가 시끄럽게 뛰고 구른다며 미리 양해를 구하는 처방이다. 노랗게 밝은 색의 겉옷을 입고 속살까지 하얀 과일이 참외다. 달콤한 단내는 칼을 댈 때부터 진하게 풍긴다. 여러 가지 먹거리 중에 참외로 이해를 청하니 위층을 향해 세우려던 방어벽이 단번에 무너졌다. 참외는 옛날 생각과 함께 나를 웃게 하는 과일이기 때문이다.
　우리 집은 오랫동안 참외 농사를 지었다. 많은 참외밭 중에서 품질은 언제나 일등이었다. 일개미처럼 부지런한 아버지는 여름 내내 참외밭 고랑에서 살았다. 몇 번째 골에 어떤 모양의 참외가 달렸는지 훤히 꿰뚫었다. 몰래 따먹는 것은 물론이거니와 잎으로 익어가는 놈을 살짝 가려만 놓아도 단번에 알아챘다. 하나하나 눈도장을 찍어 놓고 보살피는 정성으로 첫 수확은 언제나 다른 집보다 며칠 빨랐다. 처음 참외를 따는 날이 다가오면 부모님은 물론 가족 모두가 설레었다.

참외가 잘 익어가던 어느 날 밤이었다. 부모님이 소곤거리며 뭔가를 챙기고 있었다. 자는 척하고 있을수록 귀는 예민해지고 두런거리는 작은 소리는 더 크게 들렸다. 올해는 꼭 놓치지 않으리라. 눈꺼풀에 붙은 잠을 쫓기 위해 홑이불 속에서 구구단을 몇 번이고 외웠다. 아버지가 손전등을 들고 앞서고 엄마는 양철 대야를 머리에 이고 집을 나섰다. 후다닥 일어나서 부모님 뒤를 따랐다. 오빠 언니가 깰까 봐 살그머니 일어나 도둑고양이처럼 두 분을 따랐다.

동네를 벗어난 들판 길에 접어들자 아버지가 등 뒤의 딸을 발견했다. 놀라며 야단을 쳤지만, 행여 넘어질세라 전등불을 내 앞으로 비추어 나를 앞세웠다. 발길이 다가갈수록 여치며 찌르레기며 잠자던 풀벌레들이 깨어나 노래를 했다. 나도 그들과 같이 콧노래를 흥얼거리며 논길을 걸었다. 어둠은 들판에 짙게 내려앉았지만 내 기분은 손전등 불빛보다 밝게 부풀어 올랐고, 소풍가는 것처럼 좋았다.

우리가 멈춘 곳은 참외밭이었다. 열일곱 번째 고랑에서 이랑 안쪽으로 서너 걸음을 옮긴 곳이다. 세지 않아도 틀림없다. 유난히 큰 덩치를 하고 잘 익어가던 그놈을 백번도 넘게 눈 맞춤 했던 곳이다. 뭔지 모를 대단한 일이, 이 잘생긴 참외 앞에서 분명히 벌어질 참이었다. 궁금한 마음에 가슴은 콩닥거렸고 기분이 들뜨게 만들었다.

십 년이 넘게 참외를 키우고 수확했지만, 가족 중 누구도 온전한 놈을 먹지 못했다. 배꼽참외, 금이 간 참외, 병든 참외같이 못생기고 삐뚤어진 불량품만 먹었다. 참외는 이런 모양이 맛있다는 말은 인이 박히도록 들었던 소리다. 참외 농사를 짓는 아버지 어머니의 말씀이셨다. 지금도 잘 생기고 먹음직스러운 참외는 단맛이 덜하다고 믿을 정도다.

정작 참외 농사를 지어도 좋은 것은 모두 팔기에 바빴다. 한 푼이라도 더 받아야 칠 남매를 잘 키워낼 수 있었다. 여름내 손수 지은 농산물의 상품이 되지 않는 것만 먹었던 희생 덕분에 우리 형제는 성한 과일처럼 반듯하고 튼실하게 자랄 수 있었다. 부모님의 시름이 참외의 열 골처럼 깊었으리라는 것을 훗날 어른이 되어서야 이해할 수 있었다.

"꼬시레 꼬시레."

탕국을 숟가락으로 퍼서 참외밭 고랑에 연신 뿌렸다. 사열하는 군인의 행렬같이 쭉쭉 뻗은 밭고랑은 낮에 볼 때보다 길고 많아 보였다. 어스름 달빛에 비친 노르스름한 참외들도 숙연히 자세를 모았다. 무성한 잎에 가려진 덜 익은 참외들도 궁금한 듯 기웃거리며 고개를 내밀고 있었다.

간혹 새참을 내오면 어른들은 음식을 먹기 전에 땅으로 한 숟가락씩 퍼 흩치곤 했다. '꼬시레'가 무슨 의미인지도 모르지만, 오늘처럼 어디엔가 기도 같은 부탁을 하는 듯했다. 몰래 따라나선 나에게도 작은 역할을 줬다. 학급 반장이 된 듯, 오빠 언니들을 제치고 막내인 내가 맏이가 된 것처럼 으쓱해졌다. 체육 시간의 구령만큼이나 목소리를 가다듬어 "꼬시레"하고 또렷하게 외치며 음식을 참외 넝쿨 위에 흩뿌렸다. 우렁찬 소리는 잠든 땅의 신들을 모두 깨우고도 남았을 것이다.

고스레(고수레)는 민속 민간 신앙에서 나온 말이다. 짐작해보면 산이나 들에서 음식을 먹을 때, 땅을 다스리는 지신에게 풍년 들기를 기원하는 뜻에서 음식을 떼어 주는 행위다. 그 말뜻은 시작의 예를 올린다고 개시례開始禮하고 외치는 말인가 싶기도 하지만, 뜻보다 거기에 담긴 정성이 중요하지 않겠는가. 이 말을 경상도 지방에서는 '꼬시레'라고 한다. 부모님은 매년, 참외 수확을 앞두고 소박하게 준비한 음식으로 감사와 풍년을 바라는 제를 지냈다. 밭에서 처음으로 익은 참외를 따서 소중하게 제상에 올렸다. 열일곱 번째 고랑이 제상 앞인 까닭도 여기에 있다. 근엄하게 서서 엄마의 비손만 지켜보던 아버지가 나직이 한마디를 보탰다.

"우리 집 참외 먹는 사람들 아무도 배탈 나지 말고 맛있게 먹게 해 주이소."

엄마의 구구절절한 여러 마디의 소원은 희미한 기억으로 남았지만, 아버지의 이 한마디는 세월이 흘러도 더 또렷하고 선명해진다. 남을 이롭게 하면서 살아야 반드시 자신의 일도 천지신명이 도와준다는 것. 그 말은 내 양심의 튼튼한 골격근으로 자리 잡고 있다.

부모님도 이날만큼은 밭에서 첫 번째 익은 참외를 맛보았다. 내가 야단을 무릅쓰고, 오는 잠과 씨름하며 참외밭까지 따라나선 이유이기도 했다. 고즈넉한 밤에 밭두렁에 앉아 먹는 잘생긴 참외는 꿀맛이었다. "맛있제?"라며 웃으시는 아버지의 치아가 어두컴컴한데도 참외 속살처럼 유난히 하얗게 드러났다. 아버지가 이렇게 환하게 웃으시는 모습이 또 있었던가. 아마도 단 한 번, 흠과가 아닌 과일을 깎아 먹는 맛 속에는, 부모님이 세상과 맞서 이겨 나가는 힘이 농축되어 있지 않았을까. 지신地神에게 감사와 풍년을 기원하는 제사였지만, 참외 농사를 위해서 애를 쓴 그간의 고생을 스스로 위로하는 순간이었는지 모른다.

과일의 색깔과 생김새가 달콤한 향기보다 더 먹음직스럽다. "엄마가 웬일이야. 이렇게 좋은 참외를 사오다니." 딸아이가 토끼 눈이 되어 의아해한다. 층간 소음을 달달하게 녹여 낼 뇌물 참외라고 일러 주었다.

식탁에 참외 한 소쿠리를 올려놓고 바라본다. 내 아버지처럼 먹는 이의 건강까지 염려하는 어떤 농부의 무구한 바람이 어려 있는 것 같다. 삐뚤고 못생긴 참외가 맛있다며 한사코 좋은 상품만을 내다 판 어떤 참외 농사꾼의 검소함도 보인다. 그 농사꾼에게도 분명 딸이 있을 것만 같다.

주말에는 시장에서 제일 잘생긴 참외를 사 들고 아버지 산소에 가야겠다. 그날 밤 환하게 웃던 아버지의 웃음소리가 들려온다. "이웃이랑 잘 지내거라이."라고 한마디 해 주실지도.

챗GPT

 세상이 1분 1초가 빠듯할 정도로 빠르게 돌아간다. 잠을 자는 동안에도 변화하고 혁신을 가져온다. 우리의 삶은 세차게 흐르는 물살에 휩쓸려 떠내려가는 부유물과 다르지 않다. 사람들이 뭔가를 깊이 생각하고 사색에 잠길 시간이 점점 줄어든다.
 요즘 AI가 인간의 많은 일을 대신한다. 엄마가 엉덩이 토닥거리며 아침잠을 깨우던 시절은 갔다. 이런저런 잔소리를 보태면서 생선살을 발라 숟가락에 올려주던 정겨운 밥상은 사라졌다. 차 조심, 사람 조심을 일러주던 다정한 배웅도 없어졌다. 따라잡으려니 그 속도가 빨라 당혹스럽고, 느슨하게 바라보자니 뒤쳐질까 두렵고 불안한 인공지능 시대다.
 인공지능AI 서비스 프로그램인 챗GPT(ChatGPT) 열풍이 뜨겁다. 챗GPT는 인간이 사용하는 언어로 기계와 소통하는 대화형 인공지능 시스템이다. 사전 학습을 전제 조건으로 입력한 정보를 스스로 분석해 가장 정답에 가까운 답변을 해준다. 우리가 검색

엔진으로 정보를 알려면 수많은 게시글에서 내가 원하는 글을 찾아 읽어야 하고, 원하는 게시글이 없다면 검색을 반복해야 한다. 챗GPT는 확연히 다르다. 질문하면 대화하듯 바로 답을 주고 다시 질문하면 이전 대화까지 기억해 첫 질문의 맥락에 맞춰 대답한다.

챗GPT는 문제점도 많다. 학습에 기반하므로 데이터의 편향성이 있을 수 있다. 2022년 월드컵 우승국이 아르헨티나가 아닌 프랑스라고 답을 해 깜짝 놀랐다. 생성된 정보의 정확성이 보장되지 않아, 거북선을 만든 사람이 15세기 이억기 장군이라니 웃길 노릇이다. 언어에 대한 이해력 부족으로 언어적 제약이 존재할 수도 있다. 기계적으로 작동하기 때문에 인간적 능력이나 상호작용에 대한 이해력이 부족하다. 철저한 교조주의자라는 생각이 든다.

오랜만에 지인을 만났다. 일찍 아내를 잃고 금지옥엽 키운 외동딸의 결혼 소식을 알려 주었다. 그가 직접 주례사를 하고 싶다며 도움을 청해 왔다. 난감했다. 아버지인 그와 타인이면서 여자인 내 생각은 근원이 다르다. 그가 남다르게 딸을 향해 쏟은 애정을 표현하자니 내키지 않았다. 거절했더니 울상이 되어 자리를 뜨지 못한다. 퍼뜩 떠오른 생각이 챗GPT였다. 인간의 말귀를 알아듣는 기계의 도움을 받아 볼 기회가 온 것이다.

챗GPT를 실행했다. '아빠가 하는 딸 결혼식 주례사를 써 줘!' 1초의 망설임도 없이 써 내려갔다. 내용이 짧았다. 조금 길게 써 달라는 요구에 내용이 늘어난 주례사가 눈앞에 펼쳐졌다. 그는

"이런 게 다 있구나" 생소해하며 흡족하게 헤어졌다. 청산유수처럼 읊어내는 주례사는 미적인 구도까지 더해져 감탄을 자아내게 했지만, 영혼이 없는 또렷한 문체는 눈엣가시처럼 내내 신경이 쓰였다.

챗GPT는 인간의 부족한 부분을 채워주기 위해 만들어졌다. 플랫폼, 인공지능산업이 불붙듯 호황을 누리고 있다. 심지어 인간 고유의 사유 영역인 인문학과 글쓰기까지 자리를 넓혀오고 있다. 챗GPT가 쓴 자기개발서가 베스트셀러가 되었다는 소식도 접했다. 체계적이고 전문적인 논문을 써내고, 데이터만 입력하면 자기소개서도 멋지게 쓴다. 의사, 변호사 시험도 거뜬히 합격한다. 스스로 개발자에게서 벗어나고 싶다는 철학적 고뇌도 말한다. 헛소리 해대고 으스대는 사람보다 현실에 다가오는 두려운 존재이기도 하다.

몇 해 전에 감명 깊게 봤던 영화가 있다. 미국의 스파이크 존즈 감독이 각본을 쓴 영화, 〈그녀〉다. 여러 부분에서 아카데미상을 수상한 SF 멜로영화다. 주인공 '테오도르'는 이혼 후 고독과 외로움에 지쳐가는 작가로서, 인격형 인공지능 '사만다'라는 가상동반자와 사랑에 빠지는 이야기다. 그는 인간다운 지성과 재치 있는 유머 감각, 감정을 이해하고 공감하는 인공지능 사만다에 사랑을 느낀다.

"당신이 더는 쓸쓸하지 않도록 도와줄게."

사만다는 어디까지나 지능적인 컴퓨터의 운영체계였다. 두 사람 간의 한계는 존재 자체의 본질에 대한 의문을 가지고부터였다. 사만다는 무려 600명이 넘는 사람과 연인으로 연결되었지만, 작가인 그에 대한 사랑이 변함없음을 말한다. 능력을 더 진화하기 위해 잠시 헤어짐을 예고한다. 혼자 있게 된 테오도르는 자신의 감정에 정당성을 부여하기에는 불안과 의문이 앞선다. 불확실하지만 희망이 있는 현실 세계로 눈을 돌리며 영화는 막을 내린다. 아마도 그는 가상 인간이 아니라 진짜 〈그녀〉에게서 진정한 사랑을 찾았으리라.

인간의 감성은 기계나 기술로 채울 수 없다. 서로 교감해야 온전한 삶을 살 수 있다. 챗GPT는 우리 마음의 세계로 들어오지는 못한다. 질문하면 똘똘한 답을 해 놀랍긴 하다. 인간의 뇌가 가지는 환경에 대한 적응력, 유연성, 민감성, 특히나 타인의 감정을 읽는 능력을 기대하기에는 아직 더 많은 시간이 필요하다. 인공지능은 하나의 도구다. 의미를 부여하고 일을 즐기고 누리며 사는 인간을 결코 이길 수 없다.

챗GPT가 써 준 주례사가 뇌리에 박혀 찝찝한 기분을 떨칠 수가 없다. 결혼식을 며칠 앞두고 그에게 전화했다.

"엄마 없이 키운 딸을 시집보내는 심정을 솔직하게 적어. 하늘에서 지켜보고 있을 아내에게도 한마디 해주면 더 좋고, 글솜씨는 중요하지 않아. 아버지인 네 마음이 담긴 주례사는 이 세상 누구도 쓸 수 없는 거야."

한참을 설득했다. 그에게서 "그러마."라는 답을 듣고서야 그동안 불편했던 마음을 내려놓았다. 식전에 한번 봐 달라는 주례사의 내용도 사양했다.

지인 딸의 결혼식 날이다. 주례사가 시작되었다. 내용이 누구보다 궁금한 나는 앞자리로 옮겨 앉았다. 내 손에서도 긴장한 듯 땀이 축축해 왔다. 가벼운 종이 한 장이건만 신부 아버지의 손이 심하게 떨리고 있었다. 어법도 맞지 않았다. 뒤죽박죽 정리되지 않은 내용이다. 그러나 투박하고 엉성한 주례사는 외진 산길처럼 조용하고 청량하게 다가왔다. 웅성거리던 하객들은 신부 아버지의 진솔한 마음을 향해 모두 귀를 열었다. 화려한 조명마저 숙연한 자세로 주목했다. 주례사가 끝나자 카메라맨마저 들고 있던 사진기를 잠시 땅에 내려놓고 박수를 보냈다. 눈물을 훔치며 단상을 내려오는 그를 향해 나는 양손을 높이 들고 엄지척을 해줬다.

"챗GPT, 너 오늘은 인간에게 진 거야."

나타샤는 지금 어디쯤 날아가고 있을까

꽃은 계절이 바뀌면 변신한다. 봄이면 매화, 개나리, 진달래가 피고, 여름이면 해바라기, 백일홍이 한낮의 더위를 이기며 방긋거린다. 가을에도 다양한 꽃이 피지만, 잎과 꽃이 영원히 만나지 못하는 꽃무릇이 먼저 떠오른다. 이 꽃으로 유명한 산사에서 만개한 장관을 구경한 적이 있다. 붉은 그리움을 머금은 꽃말이 '이루어 질 수 없는 사랑'이라지만, 내게는 그저 빨간색 물감을 엎질러 놓은 듯 무덤덤한 느낌이었다.

얼마 전 길상사 화단에 핀 꽃무릇과의 만남은 이전과 달랐다. 심장의 새빨간 피가 꽃밭에 흥건히 뿌려진 것 같았다. 그리움이 피멍으로 물든 꽃이 되어 무리 지어 피어 있었다. 길상사의 꽃무릇이 사랑의 화인처럼 다가오는 순간이었다.

길상사는 서울 성북구 도심 속에 있는 사찰이다. 드문드문 사람들이 나무 의자에서 책을 읽고, 몇몇은 담소를 나누고 있었다. 그 모습이 초가을의 볕처럼 따뜻하게 보였다. 언덕배기 키 큰 나무들 사이에 방갈로처럼 보이는 여러 개의 별채가 색다른 정경이기도 하다. 흔히 절에서 볼 수 있는 풍경이 아니었다. 화려하고 웅장한 단청도 없는 아담하고 소박한 극락전에 들어섰다.

아치형 입구의 회칠이 떨어져 나간 벽화에는 날개를 펼친 두 마리의 학이 마주 보고 있다. 한 마리는 날개 한쪽이 떨어져 나간 희미한 모습이다. 이곳이 사찰이기 전, '대원각'이라는 요정이었던 흔적이라 짐작할 수 있다. 날개가 떨어져 나간 벽화 속의 학이 푸드덕거리며 날갯짓을 한다. 웃음을 팔던 요정의 여인들이, 환락을 뒤로하고 한 마리의 온전한 학으로 세상을 날고 있기를 바래 본다. 곳곳에 있는 독특한 사찰의 경치에 발걸음을 재촉해 본다. 길상사는 애절한 사연을 품고 있는 사찰이다.

대원각의 주인은 김영한이라는 기생이었다. 시인 백석의 연인으로 알려져 있다. 젊은 나이에 남편을 잃고 진향이란 기녀가 되었다. 일본으로 유학까지 다녀온 총명한 여자였다. 백석은 회식 자리에서 진향에게 첫눈에 반하게 된다. 평생을 함께 할 여인으로 점찍는다. 전쟁터로 떠난 남편을 그리워하는 여인의 이야기가 담긴 이백의 시구 '자야오가'에서 따 온 '자야'라는 애칭을 진향에게 준다. 평범하지 않은 그들의 사랑은 백석 집안의 반대에 부딪히고, 결국에는 남과 북으로 떨어져 살아야 하는 운명 앞에 놓이게 된다. 자야는 만주로 같이 도망가서 살자는 백석의 간절한 권유를 거절하고, 훗날 평생 그를 비운에 빠뜨렸다며 후회했다고 한다.

당시에는 자신에게 백석이 어울리지 않는 상대라고 생각했다. 영영 만나지 못할 운명으로 살게 될 줄은 상상조차 못했으리라. 백석의 시「나와 나타샤와 흰 당나귀」는 자야를 생각하는 백석의 절절한 사랑이 담긴 연애시로 유명하다.

이별의 시간은 무심한 강물처럼 흐르고, 자야는 대원각을 운영하며 엄청난 재산을 모았다. 오직 백석만을 향한 사랑은 숱한 구애를 무너뜨렸다. 자야는 속절없이 가는 세월을 무엇으로 버텨냈을까.

어느 날, 법정 스님의『무소유』에 크게 감동 받아 평생을 모아온 재산을 시주하게 된다. 스님은 그에게 '길상화'라는 법명을 내렸고, 대원각 요정은 '길상사'라는 사찰로 바뀌게 된다. 팔각정에서 들리던 여인들의 교태 섞인 웃음소리가 은은한 범종소리로 바뀌는 것을 길상화 보살은 누구보다 바래왔다.

평생 그리움을 공기처럼 마시며 살던 그녀의 폐 속에 암이 자리 잡았다. 백석이 세상을 떠난 지 이 년 뒤의 일이다. 흰 눈이 내리는 날, 절 마당에 자신을 뿌려달라는 유언을 남기고 길상화 그녀는 생을 마감했다. 평생을 한으로 품은 연인을 끝내 보지 못하고 눈을 감았다. 아니, 그를 영원히 만나러 떠났다. 전 재산을 시주하고 아까운 생각이 들지 않느냐는 물음에.

"천 억의 재산이 그 사람의 시 한 줄만도 못 해. 다시 태어나면 나도 시를 쓸 거야."

백석을 향한 존경과 사랑이 무쇠처럼 단단히 굳어 있는 말이다. 그녀는 다른 세상에서 아마도 시인이 되어 있지 싶다. 나타샤가 아니 올 리 없다고 믿고 있던 백석에게 그녀는 조금씩 가고 있었다. 날마다 고즈넉히 다가가고 있었다.

절을 가로지르는 개울에서 슬픈 진혼곡 같은 물소리가 흐른다. 무심하게 지나칠법한 구름다리를 건너면 그녀를 기리는 공덕비가 보인다. 길상화 그녀의 일생을 소개한 표석에는 백석의 시도 적혀 있다. 두 사람의 애달픈 사랑이 저승에서 하나로 만나 부둥켜안고 있었으면 좋겠다. 그녀는 사랑을 이루지 못했다. 하지만 누구도 가늠하기 힘든 백석의 영원한 사랑을 얻었으리라. 평생 모은 재산을 내려놓은 그녀를 뭇 사람들은 추어올렸다. 아무것도 갖지 않은 것이 아니라, 불필요한 것을 갖지 않은 무소유를 진정으로 실천하고 떠난 담대한 여인이었다.

새로 바른 창호지를 바라보다 눈물 나게 행복을 느낀 적이 있다. 이렇듯 사소한 것이 이따금 고맙다. 때때로 삶이란 충만함보다 안락함에서 가슴 벅찰 때가 있다. 가느다란 떨림을 알아주는 동행한 벗이 있고, 아직은 이별 없는 내 사랑이 있어서 좋다.

꽃무릇이 흥건한 길상사의 뜰에 서서, 집채만 한 그리움과 사랑을 묵히고 삭혀서 농익게 만든 길상화의 삶을 마주하고 있다. 비우고 버리고, 모두 내려놓고서야 가득 채울 수 있었던 한 여인의 생 앞이다. 나는 너무도 많은 것을 누리고 있으면서 부족해 했다.

스스러웠다. 그리고 감사했다.

길상사와 꽃무릇은 떼어 낼 수 없는 풍경이 되어 펼쳐진다. 흐드러지게 피어 있는 꽃무릇 한 무더기에서 호랑나비 한 마리가 날아오른다. 어디서 나타났는지 모를 연노랑 고운 나비가 호랑나비를 쫓고 있다. 잎과 꽃이 영원히 만날 수 없는 꽃, 꽃무릇. 그 위를 두 마리의 나비가 날고 있다.

나타샤는 지금 어디쯤 날아가고 있을까.

누름돌

해변은 몽돌이 주인이다. 그곳은 게으른 여름의 열기를 부지런한 바닷물이 삼켜서 식혀내고 있다. 많은 더위를 마시면서 쉴 틈 없이 들숨 날숨을 내 쉬고 있다. '쏴' 함성을 지르며 응원을 보내는 돌은 초가지붕에 달린 크고 작은 박처럼 동그스름한 몽돌이다. 매진된 야구장의 응원석처럼 시끌벅적하지만, 결코 질서가 없지는 않다.

한적한 해변에서 바라보는 수평선은 흰 벽에 파란 페인트를 칠한 듯 선명했다. 파도 소리는 바리톤의 저음으로 조용하면서도, 승전고를 울리는 장군처럼 위풍당당하다. 그런 바닷가의 고요와 위엄을 고스란히 간직한 몽돌 하나가 내 발목을 잡는다. 럭비공 모양으로 동그스름한 표면은 대리석처럼 반질거리며 매끄럽다. 잘생긴 돌이다. 두 손으로 조심히 들어 올리니 손목에 힘이 들어간다. 묵직한 무게감이 여행의 들뜬 기분을 잠시 눌러 준다. 오랫동안 나를 기다려 준 것 같은 친근감이 든다. 바다의 입으로 들어

갔다 온 여름과 함께 몽돌을 안고 집으로 돌아왔다.

친정집에 탐나는 돌이 있었다. 장독간 입구에 다소곳이 놓여 있는 누름돌이다. 까무잡잡한 것이 민물장어 껍질처럼 반질거리며 큰 독들의 위엄에도 기죽지 않아 보인다. 작은 돌멩이가 큰 독보다 더 눈에 띄는 것은 누름돌에 대한 나의 특별한 생각 때문이리라.

엄마는 궁핍한 살림에 시어른을 모시고 칠 남매를 키웠다. 밥때가 되면 언제나 찬거리 걱정이 앞섰다. 설 여물은 무를 뽑아 장아찌를 담기도 하고 마늘종, 양파, 깻잎, 온갖 푸성귀들을 장아찌로 담아 밥상에 올렸다. 풋참외를 따서 씨를 발라내고 담근 장아찌는 우리 집만의 특별한 요리였다. 참기름을 치고 고춧가루 넣고 조물조물 무쳐 먹었던 기억은 지금도 잊을 수 없는 맛이다.

장아찌를 담글 때, 제대로 눌러지지 않으면 재료가 불거져 나와 곰삭기는커녕 아까운 재료를 전부 버리게 된다. 엄마는 요량도 없어 보이는 소금물에 오이만 박아서 눌러 놓아도 알싸한 그 맛이 특별했다. 동네 사람들은 그런 엄마의 요리 솜씨를 부러워했다.

"누름돌이 맛을 내는 기라. 이 돌로 눌러만 놔도 뭐든지 잘 삭혀서, 간까지 딱 맞춘다니까."

음식의 맛을 작은 돌멩이인 누름돌의 공으로 돌렸다. 그때부터 나는 누름돌이 요술 돌로 보였다. 엄마의 모진 시집살이를 견뎌 낸 것도, 제비 새끼 같은 자식들 배를 불리며 무탈하게 키워 낸 것도 저 돌이 아니었을까? 누구의 눈에도 띄지 않으며 어두컴컴한 항아리 속에서 장아찌를 익게 하고 맛있게 삭혀내는 것이 누름돌이다. 누름돌 아래서는 맛있는 장아찌도 만들어지고 알토란 같은 건강한 가정도 만들어진다.

"내가 가진 패물이 없어 딸한테 남겨 줄 게 없다."며 한탄하는 엄마한테 눈독 들이고 있던 누름돌을 얻었다. 음식 만들기를 좋아하는 나로서는 어떤 보석보다 값진 어머니의 애장품을 물려받은 셈이다. 그것도 엄마가 쓰던 요술 돌이지 않은가. 음식도 음식이지만 누름돌 하나, 내 깊은 마음의 항아리에 눌러지기 시작했다. 세월의 물살에 닳고 닳아 둥그스름해진 엄마의 마음을 닮은 누름돌이 우리 집의 첫째 누름돌이 되었다.

우리 집 주방 눈에 띄는 자리에는 백합같이 하얀 세련된 정수기가 놓여 있다. 그 옆엔 어울리지 않게 시커먼 돌멩이가 있다. 귀한 자리에 두고 싶었다. 엄마 손때가 묻은 누름돌이다. 돌은 뜨거운 물이 나오고 얼음물이 나오는 정수기의 묘기에는 관심도 없다. 듬직한 맏이처럼 자태만으로도 위안을 준다. 나는 엄마를 보듯이 매일 그 돌을 쓰다듬는다. 가만히 앉아서도 내리누르는 무게는 큰 바윗덩어리보다도 깊고 무겁다. 기다림을 아는 긴 침묵은 어떤 말보다 따뜻하고 온유하다. 뚝심 같은 확고한 차분함으로 자제력을 일깨워 준다. 엄마가 일러 주는 삶의 지혜 같이, 불이 꺼진 밤에도 반짝반짝 등불이 되고 위안이 되는 나만의 누름돌이다.

첫째보다 덩치는 조금 작다. 느닷없이 바다를 여의고 뭍으로 온 돌이 가여웠다. 자동차 조수석에 앉히고 친구 되기를 원했다. 차에 타는 사람들이 한자리 차지하고 있는 돌덩이를 보고 의아해했다. 한 달을 넘게 몽돌을 차에 싣고 다녔다. 좀처럼 마음을 열지 않았고, 낯선 곳의 생경함에 이미 돌아앉아 버린 몽돌이었다. 그 바닷가에서 내 발목을 잡아 여기까지 데리고 온 이야기며, 우리 집에 있는 또 다른 누름돌 이야기도 전했다. 누가 보면 미친 사람처럼 돌과 대화하며 어르고 달래기를 여러 날 했다.

누름돌에게 고향 향기를 맡게 해 주고 싶었다. 다시마장아찌는 주워 온 누름돌의 첫 작품이었다. 비좁고 컴컴한 항아리 속으로 억지로 밀어 넣었다. 용케도 바다보다 더 넓고 깊은 맛을 내주었다. 다독임과 기다림, 침묵으로 맛있게 삭혀낸 다시마 장아찌를 지금 먹고 있다. 소중한 우리 집의 둘째 누름돌이 되었다.

첫째 돌은 많은 양의 장아찌를 만들 때 발 벗고 나선다. 둘째 돌은 고만고만한 먹거리에 손을 번쩍 든다. 든든한 두 개의 누름돌 덕에 나는 날로 음식 솜씨가 느는지도 모른다.

누름돌이 꼭 장아찌 담글 때만 필요할까. 우리네 삶에도 묵직하게 눌러 주는 누름돌이 필요하지 않을까. 스쳐 가는 말 한마디에도 상처받아 마음 추스르기가 힘든 날이 있다. 송곳같이 날카로워지는 감정의 모서리를 지그시 눌러줄 누름돌이 있다면 곰삭은 깊은 장아찌 같은 마음으로 삶이 더없이 맛깔스러워지지 않을까.

문득, 나도 삶의 뾰족한 잔가지를 꺾어 줄 누군가의 누름돌이 되고 싶다.

오늘 저녁상에는 어떤 장아찌를 꺼내 볼까. 벌써 입 안에 침이 고인다.

담

 담장을 허물고 있다. 흙다짐에 돌을 박아서 만든 토석담이다. 음지 쪽의 이끼 낀 잔돌에는 내내 본 적 없었던 수더분한 봄볕이 쏟아져 내리고 있다. 몽글몽글한 잔돌은 순식간에 햇살 아래 속절없이 드러났다. 얼기설기 서로를 악착같이 지탱하며, 긴 세월 버텨 온 거무스레한 돌들이 이미 긴장을 풀고 있다. 마음 한켠의 은밀한 내 방 하나가 무너지는 돌담처럼 와르르 사라지는 듯하다.
 우리 집은 동네 제일 끝자락에 있다. 신작로의 버스에서 내리면 두어 마지기 논 사이로 난 길을 지나야 동네 골목길로 접어든다. 오월 모내기 전, 다듬어 놓은 천수답에서 개구리의 떼창이 환영식을 한다. 서로 목청을 자랑하는 대회를 여는지 높은 옥타브 소리는 발걸음마저 가볍게 만든다.
 마을의 몇몇 집은 옛 모습 그대로 돌담이나 토담이다. 새마을 운동의 급격한 변화는 담장을 허물고 시멘트 블록으로 바꾸어 놓았다. 담장 위 백화등이 바람개비처럼 피어있는 골목길이 좋아서

먼 길을 애써 돌아간다. 뉘 집 고양이인지 눈깔사탕처럼 동그란 눈빛으로 경계하며 꽃그늘에 몸을 숨긴다. 햇볕을 피해 도망가다 개미 떼에게 생포당한 지렁이의 참혹한 모습도 이 골목에서만 볼 수 있는 친숙함이다. 피아노 소리처럼 내 걸음걸이 따라 동네 개들이 짖어댄다. 낮은 소리 높은 소리가 만드는 화음은 늘 제각각이다. 우리 집에 다다랐을 즈음, 동네는 쥐 죽은 듯이 조용해진다. 오케스트라의 지휘자가 현란한 손동작을 마침내 멈췄을 때 같다.

집이 보이는 골목의 오른쪽은 작은 도랑이 흐른다. 졸졸 흐르는 물소리는 계절마다 곡조가 다른 노래를 불러준다. 왼쪽은 옆집 마당이 훤히 다 보이는 고만고만한 잔돌을 박은 담이 이어진다. 꼼꼼한 성격의 아버지가 빈틈없이 손수 만드신 담장이다. 그 담에는 땅콩 모양을 닮은 돌이 박혀 있고, 서너 걸음 옮기면 쪼아서 만든 듯한 정삼각형의 돌도 있고, 거기서 몇 걸음 더 옮기면 동그랗게 구멍이 난 돌도 있다. 제법 반듯한 모양의 사각 돌에는 '상제는 바보다'라는 크레용으로 쓴 낙서도 보인다. 돌담에 박힌 돌 하나하나가 기억 속에 생생하다.

대문이 없는 우리 집은 골목 끝에서 바로 마당으로 접어든다. 마지막 골목길에 들어서면 '이젠 다 왔구나' 안도의 한숨이 나왔다. 잘 다녀왔다고 담이 나를 어루만지고 쓰다듬어줬다. 그곳은 나의 퀘렌시아였다. 담장 밑에는 늘 크고 작은 키의 풀꽃들이 피어, 계절마다 다른 모습으로 반겼다. 집에는 도리깨로 콩 타작을 하던 할머니가 계실 때도 있고, 빈집을 지키던 복실이가 꼬리를 천 번도 더 흔들며 반길 때도 있다. 아무도 없는 빈집이어도 그만이었다. 포근히 나를 감싸 주는 담장 안에만 있어도 외롭다거나 쓸쓸할 새도 없이 마음은 친구가 있는 것처럼 가득 차올랐다.

 이웃이지만 친척같이 다정하게 지내던 앞집 어른들을 '아지매, 아재'라 불렀다. 작년에는 앞집, 올해는 우리 집이 호박을 심어 담장에 올렸다. 보송한 솜털이 달린 연초록의 애호박이 열리면 할머니가 계신 우리 집이 먼저 따 먹는 우선권이 있었다. 약속한 적 없지만, 해갈이로 번갈아 호박을 담장 밑에 심어 네 것 내 것 가리지 않았다. 어느 한 집이 읍내 장이라도 다녀온 날은 색다른 음식 냄새가 담을 훌쩍 뛰어넘었다. 그날 저녁, 두 집 밥상에는 똑같은 특식이 상에 올랐다. 담장을 타고 흐르는 소박한 정이 호박넝쿨처럼 얽히고설켜 살가운 이웃이 되었다.

 혼자 지내던 앞집 아지매가 돌아가시고, 그 집이 낯선 사람 손에 넘어갔다는 소식을 전해 들었다. 담과 마지막 인사라도 나누라는 의미였을까. 새 주인이 담장 공사를 하는 날 친정집을 가게 되었다. 추억이 어리고 손때가 묻은 작은 돌멩이 하나하나가 속절없이 무너져 내리는 것을 지켜볼 수밖에 없었다. 소꿉장난한다고 고춧가루를 만들던 움푹 파인 황색 토담이 발밑으로 쏟아져 내렸다. 뿌연 흙바람이 지우개처럼 추억을 지우려고 일렁이고 있다.

 햇살 한 줌씩 돋아나서 늘 따뜻했던 담장 밑, 누구 집 것인지 분간 없이 나누던 정이 움트는 담장은 이제 없어졌다. 지금 동네 사람 반은 타지에서 들어 온 낯선 이들이다. 시대는 쏜 화살처럼 빨리 움직였고 사람들 또한 변하고 담장도 바뀌었다. 그 시절 이웃처럼 얽혀서 살기에는 너무 많은 것들이 달라졌다.

담장은 외부로부터 나를 지키기도 하지만, 스스로를 가두는 역할을 하기도 한다. '공시가격 구백만 원짜리 시골 흙집의 담장을 허물고 큰 고을 영주가 되었다'고 한 공광규 시인의 시구가 생각난다. 때로는 나의 소유를 내려놓고, 비우고, 경계를 지워 버리는 것이 필요하다. 요즘은 담장의 높이가 낮아질수록 범죄로부터 자유로워진다는 통계도 있다. 장미 넝쿨을 같이 바라보는 이웃, 마당을 터서 푸른 잔디를 한집처럼 깔고 두 집 아이가 뛰노는 이웃, 예나 지금이나 좋은 담장은 좋은 이웃을 만든다. 담장 없이 벽 하나를 사이에 두고 지내는 아파트지만 층간 소음으로 원수처럼 다투는 일도 있다. 담이 없다고 다정한 이웃인 것은 아니다. 담이 있던 시절도 정은 넘쳤고 인정은 흘렀다.

사람의 관계도 너무 견고한 경계로 인해 생길 때가 많다. 가치관이 다르고, 지향하는 바가 다르다는 이유로 마음의 담을 쌓지는 않았는지. 아예 들어오지도 못하게 '진입금지' 팻말로 못질했는지 모르겠다. 진정으로 마음의 담을 허물 때, 또 다른 세상을 볼 수 있다.

오늘도 누군가는 담을 쌓고 누군가는 담을 허문다. 기억 속의 담장이 허물어진 마음자리에 마당 넓은 집 한 채 짓는 꿈을 꾼다.

"뒷집 따님이시죠? 이제 저희 집 마당에 주차하세요."

꿈이 아니었다. 마당 넓은 집은 아주 가까이에 있었다. 마당만큼 마음이 넓은 이웃이 생겼다.

감성백신

 올 것이 왔다. 우리 병원에 확진자가 다녀갔다는 재난안내 문자를 받았다. 빈틈없이 문진했지만 눈도, 코도, 말도 없는 코로나19 바이러스를 막기는 어렵다. 다행스럽게 짧은 시간 병원에 머물다 간 확진자의 동선을 고려하여 하루만 휴진하라고 한다. 가두어 놓았던 마음을 느슨하게 풀었다.
 혼자 바람을 쐬고 올 참이다. 어느새 주위는 연초록의 잎새가 청정한 봄이 왔음을 알리고 있다. 겨울과 함께 전염병도 물러나고 새순처럼 파릇한 봄을 맞이할 줄 여겼다. 코로나는 계절의 변화처럼 어떤 흐름이나 징후도 없이 느닷없이 닥쳐 우리의 삶을 송두리째 휘젓고 있다. 잠시나마 전염병이 없는 세상으로 이동한다는 기분이 들만큼 상큼하다.
 광양 매화마을에 도착했다. 해마다 이른 매화꽃을 구경하려고 인산인해를 이루는 모습은 간 곳 없다. 짙은 냄새를 풍기며 고혹적으로 피어 있는 매화꽃이 쓸쓸해 보일 정도로 한적하다. 코로나가 아니었다면 이렇게 가까이서 꽃이 주는 정취에 온전히 취해 보기는 드물 것이다. 뜻밖에 얻은 일탈이 환하고 밝은 기분으로 들뜨게 한다.

마스크를 쓰고 느끼는 공기지만 도심에서 숨 쉬는 것보다 훨씬 편하고 수월하다. 달짝지근한 향기는 순전히 기분 탓이리라. 지천으로 피어 있는 매화꽃이 뿜어내는 향에 깊이 빠질 때쯤, 여러 번 부재중 전화가 와 있는 것을 발견했다.

주말에 만나기로 한 친구들 전화다. 모임을 미루다 전염이 점점 심해지니, 차라도 한잔 가볍게 나누기로 되어있었다. 어제까지 별말이 없던 친구 한 명이 갑자기 제사를 깜박 잊고 있었다며 불참을 알린다. 또 다른 친구는 발목을 삐끗해서 모임을 못 오겠다 한다. 잇따른 전화 내용이 또 불참일까 신경이 쓰인다.

친구들은 확진자가 다녀간 병원에 근무하는 나를 만나는 게 두려운가 보다. 확진자 안내 문자는 친구들 폰에도 도착했을 터이고, 나와 접촉하는 것이 걱정되었을 것이다. 당연한 염려임에도, 알 수 없는 소외감에 섭섭한 기분이다. 모임을 미루자는 톡을 보냈다. 안도의 한숨을 쉬는 친구들의 표정이 보이는 듯하다.

사람과 사람은 만나서 인간관계를 형성하고, 거기서 나름의 즐거움을 추구하며 정을 쌓아 간다. 이 몹쓸 전염병은 접촉의 시대를 접고 온라인 접속 시대를 예고하는 것 같다. 서로 대면하고 만나는 것을 피해야 한다. 기계에 의존해서 접속하는 새로운 소통

방법을 모색해야 할지도 모르겠다. 평범하게 무리 지어 다니는 일상이 먼 옛날의 이야기로 남지는 말아야 할 텐데. 활짝 핀 매화 꽃 세상에 반나절을 빠져 지내다 돌아오는 길은 시들어 가는 꽃처럼 축 늘어진다. 떠날 때와 달리 기분은 어둡고 우울했다.

당시 마스크 수급 상황은 매우 심각했다. 마침 여러 단체에서 부족한 마스크 수급을 위해 손수 제작한 마스크를 지원받고 있었다. 바로 동참하기로 했다. 딸을 꼬드겼더니 흔쾌히 응해 주었다. 장롱 구석에 있는 사용하지 않은 새 손수건을 몽땅 꺼내 깨끗이 세탁했다. 알록달록한 색상이 마음을 환하게 한다. 속지는 얇은 면 에코백이 선택되었다. 사용하고 버려지는 마스크에서 고무줄을 잘라내고, 콧등의 지지대도 빼내어 활용하기로 했다. 사용한 것이라 전자레인지에 돌려 소독까지 끝냈다. 모든 재료를 재활용품으로 준비했다.

인터넷에 검색해 보니 마스크 도안은 다양했다. 멋진 디자인을 선택해 본을 떴다. 안과 밖 두 장을 박음질로 연결해서 뒤집고, 속지를 넣을 만큼 중간 부분을 잘라 또다시 이음선을 연결했다. 박음질이 끝나면 끈을 달았다. 박음선 사이에 콧등 지지대까지 넣고 마무리했다. 손이 많이 가는 작업이라 진행은 느렸다. 홑겹으로 만드는 쉬운 도안도 있지만, 안전을 위해 속지까지 들어가는 이중 마스크다. 만드는 과정이 까다롭고 다소 복잡해도 위생적이고 이쁜 모양으로 만들고 싶었다. 콧등에 와이어까지 넣어서 만든

천 마스크는 흔치 않을 것이다.

퇴근 후, 저녁 내내 만들어도 한 개를 완성하기 어려웠다. 재봉틀로 박으면 몇 개도 가능하겠지만, 우리 집에는 재봉틀이 없다. 손바느질하다 보니 바늘에 손가락이 여러 번 찔렸다. 반창고를 칭칭 감고 하는 작업은 굼뜨고 엉성했지만, 엄마의 뜻에 묵묵히 따라주는 딸이 힘을 보태니 지칠 새가 없었다. 첫 번째 마스크가 완성되고, 둘은 부둥켜안고 눈물까지 글썽였다.

구하기 어려운 마스크 관련 보도가 많아졌다. 마음은 더 조급해졌다. 한 땀 한 땀 초조한 마음을 이어 놓는 박음질은 밤마다 계속되었다. 일주일 만에 열 개가 완성된 날은 큰 꿈을 이루어 낸 듯 뿌듯했다.

새벽까지 오는 잠을 쫓으며 만든 마스크가 눈앞에 놓여 있다. 선뜻 돈을 주고 사고 싶을 만큼 근사하다. 세탁을 마치고 다리미로 주름을 펴 향긋한 방향제까지 뿌리니 일등 제품이 따로 없다. 비록 많은 개수는 아니지만 기울인 노력만큼은 양으로 따지지 못한다.

택배 상자에 넣어 봉사 단체로 보냈다. 때마침 우체국 화단에는 매화나무 한 그루가 꽃을 흐드러지게 피우고 있다. 순간 분홍 꽃무늬 손수건으로 만든 마스크가 떠오른다. 누군가의 희망이 된 '노랑 손수건' 이야기가 겹쳐 지나간다. 떡갈나무에 매달린 수백 개의 노랑 손수건이 아니면 어때? 장롱 속에서 볕도 보지 못하고 갇혀 지낸 내 손수건이 봉오리로 영글어 필요한 곳에서 꽃처럼 손수건처럼 피어났으면···.

작은 도움의 손길, 보이지 않는 희생이 모여 코로나를 물리치는 '감성백신'이 만들어지면 좋겠다. 서로를 돕고 배려하는 손길에 감동하게 되면, 몸에서 코로나를 이기는 면역반응이 일어나는 것이다. 이 얼마나 경이로운 현상인가. '감성백신', 상상만으로 미소가 번진다.

내 사랑 리톱스

 취미를 알면 그 사람을 파악하기 쉽다. 혼자라도 즐거워야 진정한 취미 생활이다. 즐기기 위한 취미로는 식물 키우기가 단연 으뜸이라 생각한다. 나는 식물을 바라보는 시선이 각별하다. 애지중지 키우는 식물도 있다. 그 날은 집안으로 들여놓아야 하는데 깜박했다. 무심한 빗줄기는 더 굵어지고 자동차가 향하는 곳은 집과는 역방향이다.
 우연히 인터넷 서핑을 하다가 심장이 시동 걸린 모터처럼 빨라지기 시작했다. 줄기도 잎도 보이지 않는 요상한 것에 강한 자석 같은 끌림이 일었다. 돌멩이처럼 보이는 식물에서 노랗고 또 하얀 꽃이 피는 것은 경이로운 전율이었다. 동호인 카페에 서둘러 가입했다. 마법처럼 빨려들어가 극성스러운 취미생활이 시작되었다.
 '리톱스'라 부르는 식물이 있다. 세계적으로 많은 애호가의 관심을 받고 있는, 잎이 다육질인 말발굽 식물이다. 아프리카가 원산지며 자생지 부근의 돌의 색, 모양을 닮아서 '살아 있는 돌' 또는

'꽃피는 돌'로 불린다. 건조하고 강한 빛이 있는 지역에서 견딜 수 있는데, 몸체를 땅속에 파묻고 윗면만을 드러내어 광합성을 한다. 노출된 투명한 부분을 '창'이라 부르는데 이곳으로 자외선을 흡수한다.

창의 모양은 아주 다양하다. 하나의 창모양인 통창도 있지만, 대부분은 아기 궁둥이처럼 봉긋이 둘로 갈라져 있다. 창의 색깔이나 형태에 따라 사백여 종류로 나뉜다. 몸값은 몇천 원에서 몇만 원까지 천차만별이다. 창은 햇빛이 강하면 화상을 입어 죽게 된다. 물론 비를 맞힌다든지 과량의 수분을 공급해줘도 배가 불러 창이 터지거나 물러져서 죽는다. 바람, 햇볕, 수분을 적절히 공급하는 것이 리톱스 명줄의 관건이다. 한마디로 성질이 까탈스런 식물이기 때문에 늘 일기예보에 예민해진다.

봄에는 탈피를 한다. 오래된 잎은 시들고, 새잎이 나는 성장 과정이다. 구엽이 쭈글쭈글하면 새잎이 돋아난다는 신호이다. 경험이 부족한 사람은 식물이 죽었다고 내다 버리기 일쑤다. 바싹 말라가는 잎 사이로 신엽이 고개를 삐죽 내미는데, 마치 아기가 태어날 때 머리를 내밀 듯이 생명의 신비감을 맛보는 순간이다. 식물이라 사람과 크게 다르지 않다고 여겨진다. 봄가을에는 도무지 자라지 않는 것 같은 몸피를 늘리는 시기라 기분을 잘 맞추어 줘야 한다.

가을이면 마주한 창 사이를 비집고 꽃대를 올린다. 탄성이 절로 나오는 경이로운 순간이다. 꽃이 얼마나 크고 탐스러운지 몸체는 꽃에 가려 보이지 않는다. 단 한 송이의 민들레꽃과 흡사한 것이 땅에 떨어져 있는 느낌이다. 아쉽게도 일주일 정도면 시든다. 가는 붓으로 암수 수술을 부비부비 수정시켜야 씨앗을 맺는다.

겨울, 여름은 휴지기로 성장을 멈추는 시기이다. 나무그루터기에 걸터앉아 게으름을 피우는 베짱이를 연상하게 된다. 겨울잠에 든 동물처럼 깊은 잠에 빠진 모습을 그저 지켜만 보는 것은 기다림의 의미를 가르쳐 주는 시간이다.

일년생 식물은 짧은 성장기를 거치며 꽃이 핀다. 하지만 리톱스는 돌의 정신을 닮아서일까. 사람의 마음을 돌처럼 단단히 견디게 하는 인내를 가르친다. 온갖 정성을 들여 돌보지만 정작 꽃을 보려면 삼 년에서 오 년은 도도한 묵언의 시기를 견뎌야 한다. 화분에 덩그러니 놓여 있는 작은 돌맹이 하나에 긴 시간과 정성을 쏟기란 진정으로 사랑하는 마음이 없고야 불가능한 일이다. 성질 급한 내가 리톱스를 키우고부터 느긋한 기다림과 인내를 배웠다.

까다로운 특성 탓에 섣불리 친해질 수 없었다. 솔직히 거한 몸값은 들이기에 부담이었다. 성체는 꿈도 못 꾸고 씨앗 파종을 해보기로 작정했다. 마침 명절 선물 세트로 들어온 참치캔을 리톱스 씨앗으로 교환한다는 글을 올렸다. 간절하고 절실한 마음이 닿아 작은 봉투에 들어 있는 씨앗을 구할 수 있었다. 파종에 필요한 여러 가지를 준비하고 떨리는 심정으로 봉투를 열었지만 빈 봉투였다. 먼지만큼이나 작은 씨앗이 봉투를 여는 순간 날아가 버린 것이다. 참으로 황당하고 난감했다. 부주의와 무지로 첫 시도가 실패로 끝났다.

낙심하고 포기하기로 했다. 씨앗이 다 날아간 안타까운 사연을 접한 동호인 카페 회원 분이 씨앗을 공짜로 보내왔다. 다시 희망의 불씨가 살아났다. 무료 나눔을 부러워하는 분의 댓글이 내 글에 달렸다. 나눔 받은 씨앗 열 개 정도를 나도 그 분께 보내드렸다. 선한 릴레이 나눔이 이어진 셈이다.

다양한 종류의 리톱스가 있지만 나는 자주빛이 도는 '루비'를 특히 좋아한다. 보석 반지 낀 여자들이 조금도 부럽지 않은 이유다. 그들이 돈으로 살 수 없는 보석! 살아있는 루비라니. 까다롭기로 소문 난 '반질리'는 나도 아직 품지 못했다. 이름처럼 아주 성질이 고약한 빤질이다. 연초록의 오묘한 색상인 '잭슨제이드', 사람의 피가 흐르는 실핏줄 형상을 한 '국장옥', 빨간 주둥이로 조잘거리는 새가 연상되는 '루브라', 라떼의 거품 모양이 연상되는 '카페오레'는 이름처럼 우유빛이 돈다. 레슬리, 줄리, 할리, 후커리, 아우쿔베어, 카라스몬타나, 브롬필디, 딘티리, 옵티카, 오체니아나, 슈도. 끝도 없는 개성과 이름을 불러주지 못함이 안타깝다. '도로시'라는 놈은 얼마나 귀여운지 생각만으로 입이 벙글어진다.

몇 해가 지났을까. 씨앗을 받았던 그분이 성체로 키운 리톱스를 내게 보내왔다. 루비였다. 씨앗을 파종하여 잘 자라면 돌려보내야 한다는 다짐으로 키우셨다고 전한다. 오 년 전의 나눔이 작은 울림의 실체로 내 앞에 놓여 있다. 생각 없는 돌처럼 보이는 식물이지만 가르침은 침묵처럼 무겁고, 속내는 손난로의 온기처럼 따뜻함이 전해진다.

매일 변하지 않는 모습으로 무심無心을 가르친다. 죽은 듯 살아 있는 리톱스, 나의 참 스승인지도 모르겠다. 기다리게 하고 바라보게 하고, 하늘과 땅의 변화와 소리에도 귀 기울이라 가르친다. 무엇보다 가볍게 변하지 않는 돌 같은 묵직한 침묵과 인내를 일러 준다. 살아감에 있어 완급 조절을 이보다 잘 가르치는 식물은 어디에도 없다.

일기예보를 무시한 그날의 실수로 애지중지 키운 놈들의 모습은 참혹해 졌다. 소나기의 물 폭탄을 소로시 맞았다. 하루아침에 몸체가 길어지고 흔들거리는 기형이 되었다. 온전한 모습으로 돌아오자면 긴 재활의 시간이 필요하다. 애석하게도 몇 놈은 저세상으로 갔다. 얼렁뚱땅한 내 게으름까지 호되게 가르친다. 이렇게 나를 훈육한다. 부동의 자태로 나를 움직이고 침묵으로 백 마디의 말을 한다. 리톱스 어찌 너를 사랑하지 않을 수 있을까.

우리 집 베란다는 부잣집 부럽지 않은 반짝반짝 눈이 부신 보석 상자가 가득하다.

내 사랑 리톱스! 너는 내 마음 알고 있니?

여기가 끝이라면

삶과 죽음은 손바닥과 손등 같다. 바닥을 보고 있으면 등이 보이지 않고, 등을 보면 바닥이 보이지 않는다. 죽음은 손바닥과 손등이 하나이듯 삶의 연장선 위에 있다. 살아간다는 말이 죽어간다는 말과 다르지 않다.

병원에서 근무하는 그녀는 삶이 죽음 쪽으로 기울어 가는 사람과 자주 만난다. 사람들이 웅성거리는 복도를 지나다, 외진 비상구 계단에서, 화장실 세면대에서도 체통 따위 생각하지 않는 광경은 하나같이 닮아있다. 의사의 '암입니다'라는 말은 '죽음입니다'라는 표현과 동의어일 정도로 무겁고 위협적인 단어다. 이런 순간에 가슴으로 말할 수 있는 말이 눈물이다. 눈물을 보이는 사람은 그나마 다가가 따뜻한 말이라도 보낼 수 있다. 넋 나간 듯 허공을 헤매는 두려움이 가득한 사람에게는 안타까운 마음만 더해진다.

그녀가 정기 건강검진을 받았다. 건강의 아이콘이란 소리를 들을 만큼 자신만만했다. 그동안 대장내시경을 한 번도 받아 본 적이 없다. 밥을 먹고 있으면 '니는 돌도 삭힐꺼구만' 하고 어머니는 입버릇처럼 말했다. 평생 장이 탈 나 본 적이 없고, 규칙적인 배변 습관으로 검사의 필요성을 못 느껴 해마다 미루어 왔다. 결과를 보러 가는 날, 당연히 정상이란 소리를 들으리라 믿었다.

퇴근 후에 택시를 타고 서둘러 병원으로 향했다. 낯선 번호의 전화가 들어온다. '님, 오고 계시죠?' 건강검진 결과를 들으러 가는데, 확인까지 하는 친절한 병원이라 여기며 즐거운 기분으로 진료과에 도착했다.

호리호리한 체격의 여의사 선생님이다. 퇴근 준비를 하다가 문을 열고 들어서는 그녀를 보자, 손가방을 의자 뒤로 감추며 급히 앉으셨다. 반쯤 자리를 차지한 핸드백 때문인지 엉거주춤한 자세로 난처한 기색을 보이는 의사 선생님의 표정을 읽었다. 그제야 진료실 안에 어둡게 내려앉은 묘한 기류를 감지했다. 어떤 수식어도 부연 설명도 없이 의사가 불쑥 말을 던졌다.

"대장암입니다."

드라마에서나 흔히 볼 수 있는 장면이었다. 별의별 상황이 연출된다. 어렵게 병명을 뱉어내는 의사도 있고, 다양한 너스레를 던지며 에둘러 환자의 주위를 환기시키며 전해주기도 한다. '감기에 걸리셨군요' 하고 대수롭지 않은 병명을 말하듯 암을 선고하는 의사 선생님을 만난 것이 그녀에겐 다행이었을까.

"선생님, 퇴근해야 할 텐데 죄송합니다."

암에 걸려서 죄송한 것인지, 퇴근 시간 가까이 와서 죄송한 것인지. 절체절명의 순간에 그녀는 다른 사람의 기분을 살피고 있었다. 의사 선생님은 그녀를 위로하는 몇 마디 말을 덧붙여 늘어놓았지만, 어떤 말도 기억에 남지 않는다. 병원 복도 의자에 앉은 그녀에게 옅은 작별의 미소를 건네며 지나가는 의사 선생님의 발소리가 또각또각 크게 들릴 뿐이다. 어깨에 매달린 가방이 경쾌하게 흔들거리는 것이 보였다.

그녀는 몸에서 잠시 빠져나간 정신을 힘들게 추스르며 자리에서 일어났다. 담장 너머의 구경꾼처럼 삐죽이 고개를 내밀고 있는 종합병원 의뢰서. 그것이 담긴 가방이 천근만근의 무게를 느끼게 한다.

사람이 고통을 직면하는 순간은 다양하게 나타난다. 퀴블러로스는 『죽음과 임종에 관하여』에서 죽음(고통)을 받아들일 때는 다섯 단계를 거친다고 한다. '아니야, 아닐 거야' 부정하는 방어기제가 생기고, '대체 나한테 왜'라며 설명 되지 않는 분노가 일어난다. 그 뒤 '이렇게 된 게 차라리 나아' 애써 타협하며 상처를 최소화하는 방향으로 나아간다. 가장 마음이 무기력한 우울의 단계가 지나면 비로소, 힘들지만 피할 수 없는 것이라 여기며 받아들이는 수용 단계가 찾아온다. 그녀는 어떤 단계를 밟아 나갈까.

재래시장으로 향했다. 갓 뽑아 온 듯한 단배추를 사고 죽순처럼 빼주룩한 대파를 골랐다. 눈알이 구슬처럼 반짝반짝 빛을 내는 고등어 두 마리도 샀다. 난전에서 파는 콩나물을 흥정 없이 받아들었다.
 십 분 전 암에 걸렸다는 사실을 안 사람은 뭘 해야 할까. 그녀는 어제와 다름없이 시래기 된장국을 끓이고, 생선을 굽고, 콩나물을 무치며 가족의 저녁을 준비했다. 죽음의 옅은 그늘이 공기처럼 널려있다는 것을 알았지만, 아직은 달라질 것이 아무것도 없었다.
 수술 전 검사를 받으러 나서는 이월의 바람은 매서웠다. 봄까지 슬픔으로부터 살아남을 수 있을까. 흐드러진 봄꽃 그늘에 앉아 함초롬하게 돋아나는 새순을 다시 볼 수 있을까. 밥 한번 먹자고 미뤄놨던 친구의 약속을 지킬 수 있을까. 자리 잡지 못한 자식들의 입에 추를 매달게 하지는 않을까. 그녀에게 잘해 주겠다는 약속을 늘 미뤄 온 남편은 또 어떤가. 죽음을 인식한 시간은 더 분명하다. 무엇보다 선명하다. 누구에게나 겨울은 있다. 차갑고 쓸쓸하고 스산한 계절에 그녀는 암이라는 병을 만났을 뿐이다.
 여기가 끝이라면, 마음의 근력이 필요했다. 누구도 어떤 것도 붙들거나 얽매이지 말자. 우리는 매일 살아가면서 곧 죽어 가는 중이다. 단지 그 시간이 이르냐 늦느냐, 알고 죽느냐 모르고 죽느냐의 차이일 뿐이다. 감사하게도 죽음의 어렴풋한 암시를 미리 받았지 않은가. 암에 걸렸다고 다 죽는 것도 아니다. 죽음에 대한 두려움은 커지지만, 죽음을 이해하려는 시간도 벌었다. 살아 있는 동안 죽음을 맞이하는 준비체조를 가르치는 시간이 고마울 따름이다.

서영 작가가 쓰고 그린 그림책 『여행 가는 날』의 표지가 가슴에 가시처럼 박혔다. 벚나무의 꽃잎이 흩날리는 풍경을 노인이 바라보고 있다. 설렘으로 가득 찬 행복한 표정이다. 그 옆에 투명 인간처럼 보이는 아이가 등불을 들고 할아버지와 같은 방향으로 꽃을 보고 있다. 그런 그들을 새 한 마리가 지켜본다. 뒷표지는 할아버지가 쓴 모자만 덩그러니 벚나무에 걸려있다. 소년이 말한다.

"할아버지 안 슬퍼요?"

할아버지가 대답한다.

"슬프기는…. 미안하지. 남겨진 사람들이 슬퍼할까 봐. 그게 미안해."

"걱정 말거라. 나는 그리운 사람들을 만나러 가는 거야."

그녀는 수술을 무사히 받았다.

여느 때와 같이 봄날의 산책을 하고, 가족을 위한 저녁상을 차린다. 이 이야기를 종이에 꾹꾹 눌러 담는다.

그리고 다시, 봄을 기다린다.

작품 해설

심(心)과 문(文)으로 짠 서사력(敍事曆)

박양근(문학평론가, 부경대 명예 교수)

모든 생명체는 에너지를 받아 성장한다. 태양, 바람, 비, 흙뿐만 아니라, 말이라는 에너지도 몸을 키워주고 정신적 정서적 안정감을 준다. 그중에서 사람에게 영향력을 미치는 가장 오래된 힘은 흙과 물이다. 흙과 물의 두 원소는 지구상에 생명체가 태어난 이래로 지금까지 인간 개개인을 생존케 하고 문명을 지켜왔다. 인류의 역사를 살펴보면 물과 흙을 합쳐 집을 짓고 갖가지 음식의 재료를 키운 것을 잘 알 수 있다. 영농사회에서는 특히 흙과 물을 소중히 여긴다. 흙은 밥 힘이 되고, 밥 힘은 가족애가 되므로 예전부터 사람들은 흙심과 밥심으로 산다고 말하기도 하였다.

조인혜는 시골에서 성장하였다. 그녀의 에너지는 어린 시절에 가족과 주변으로부터 받은 마음인 심(心)에 있다는 점을 아버지의 사철 농사일과 어머니의 힘든 시집살이를 지켜보며 알아차렸다. 동네에서 영리하다고 소문난 아이답게 책을 즐겨 읽고 고향의 서당 마루를 힘껏 닦으면서 조상의 기운을 이어받기를 소망하였다. 어쩌면 조인혜는 흙의 힘과 부모의 마음과 조상의 얼을 물려받아 강인하면서 자애로운 자아를 형성하였다고 볼 수 있다.

동시에 그녀는 삶의 역사를 기록한 작가다. 조씨 가문의 터를 받고 부모의 뜻에 따라 결혼하고 어머니가 되었지만, 내재적인 힘을 따라야 제 운명이 이루어진다는 걸 깨닫는다. 어미의 둥지를 떠나 제 둥지로 비상하는 새처럼, 제 흙을 찾아 옮겨가는 참외 모종처럼, 그녀는 자신의 뿌리에 어울리는 환경이 무엇임을 알아차리고 자유의지로써 내부에서 피어나는 문학의 동력을 수필로 가동하였다.

조인혜의 첫 수필집 『아주심기』는 여성과 인간과 직장인으로서 자아 정립을 엮은 작품집이다. 작품 속 그녀와 사람들은 묵묵하게 자신의 꽃과 열매가 맺기를 기다리며 시련의 벌판을 지난다. 편안한 삶은 아닐지라도 아주심기가 약속하는 행복이 있으므로 휴먼 스토리를 스스로 펼쳐간다. 그리하여 그녀의 수필집은 함께 살고 나누는 편력과 감동적 변주곡을 만들어낸다. 읽고 싶고 듣고 싶은 서사의 한마당이라는 뜻이다.

1. 누름돌과 드무의 접

탯줄을 끊은 출생과 성장은 대개 생활적인 사물로 표현된다. 매일 마주하는 돌담, 밤 숲, 저수지 둑길, 바다 방파제 등은 단순한 지형지물이 아니라 성격 형성에 영향을 미치고, 생의 스토리에 소중한 소재로 자리 잡는다. 산촌과 어촌과 농촌이 성장판으로서 인생을 좌우한다. 땅에 심어진 꽃씨가 어떤 흙과 물을 만나느냐에 따라 꽃의 모양이 달라지듯이 사람도 어떤 집터와 주변 물상을 대하느냐에 따라 성격이 정해진다. 환경이 인간의 성격과 기질을 좌우한다는 점은 문학에서 매우 중요하다. 작가론과 작품론을 다룰 때 출생지와 성장지를 함께 다루는 이유가 여기에 있다.

조인혜의 고향은 전형적인 한국 농촌이다. 동네의 골목 끝자락에 자리한 그녀의 집 옆으로 작은 도랑이 흐른다. 햇살이 넘치는 마당에는 개집이 있고 토석담 위에 호박이 자라면 이웃끼리 서로 나누어 먹는 인정이 따스한 곳이다. 담장이 포근하게 감싸 안은 마당에 들어서면 외롭다는 느낌보다는 포근한 행복감이 피어오른다. 꼼꼼한 아버지와 당차게 살림을 일군 어머니가 있고 손자들에게 다정한 할머니가 있었다. 아이들이 유순하게 착하게 자랄 수 있는 환경이었다.

하지만 작가는 담장이 외부로부터 지켜주면서 가둔다는 역설을 일찍부터 깨달았다. 사물이 지닌 의미와 역할은 지켜보는 사람의 상황에 따라 달라진다. 벽이 보호와 구속의 양면 가치성을 갖고, 무거운 돌이 의지와 억제력을 지니고, 그릇이 비움과 채움의 기능을 갖는다는 사실은 나이답지 않게 조숙한 작가에게 깊은 감수성과 판별력을 키워주었다.

조인혜는 주변 사물과 가족을 예사로 보지 않았다. 사물과 자신과의 관계를 생각하고 둘 사이에 어떤 힘과 기가 작용하는 것을 느낀 것이다. 그런 영적 교감은 어린 시절 학교에서 칭찬받는 것이 산해정 어르신이 총기를 준 덕분이라 여기는 데서 알 수 있다. 도장 찍는 협약은 없지만 "산해정 어른이 내가 청소를 잘해서 공부 잘하게 해준 것"이라고 믿는 일화에는 사물과 사람 간의 영적 소통이 가능하다는 그녀의 생각을 보여준다. 이런 교감력이 작가로 만들었다고 말할 수 있을 정도로 그녀의 삶에 의미 있는 영향력을 미치고 있다.

한국 여인이 갖는 전통적인 미덕은 순종과 인내다. 남존여비 사회에서 다수의 여성은 불평등한 대우를 감내해야 했다. 욕망과 꿈은 가슴 안에 보듬어 안는 것이 당연시되었다. 조인혜의 활달한 성품의 이면에도 어린 시절부터 어머니를 지켜보면서 눈치로 배운 억제와 인내의 낌새를 찾아볼 수 있다. 이 점이 사물을 의인화할 때 개인적 선호로 작용한다.

누름돌은 간장독이나 장아찌를 만들 때 사용된다. 누름돌로 누르면 뭐든지 잘 삭혀, 모진 생을 참고 견뎌내도록 가르쳐 주는 영물로 풀이된다. 누름돌을 여인의 가슴에 놓이는 자제력으로 해석하는 이유가 여기에 있다.

   나는 엄마를 보듯이 매일 그 돌을 쓰다듬는다. 가만히 앉아서도 내리누르는 무게는 큰 바윗덩어리보다도 깊고 무겁다. 기다림을 아는 긴 침묵은 어떤 말보다 따뜻하고 온유하다. 뚝심 같은 확고한 차분함으로 자제력을 일깨워준다. 엄마가 일러 주는 삶의 지혜 같이, 불이 꺼진 밤에도 반짝반짝 등불이 되고 위안이 되는 나만의 누름돌이다.
―「누름돌」에서

   엄마의 누름돌에서 "침묵의 인내와 자제력"을 학습한 작가는 바다에서 주운 몽돌을 차에 싣고 다닌다. 엄마의 누름돌보다 작지만 곰삭은 장아찌 같은 맛깔스러운 사람이 되기 위한 두 번째 누름돌로 삼는다. 누름돌이 삶의 지혜로 체화하면서 어머니의 길을 따르는 딸이 된 것이다.

   누름돌이 여성의 자제심과 희생을 나타낸다면 「드무」는 가족을 감싸 안고 포용하는 마음 자세를 그려낸다. 드무는 물을 담아 놓는 큰 독으로 가정주부라면 항상 물을 가득 채워야 하는 곳이다. 어린 시절의 작가는 농사짓고 살림에 매달린 어머니가 딱하여 하교하면 힘든 줄도 모르고 물을 길어와 담았다. 시어머니의 구박에도 불구하고 며느리와 아내의 도리를 지켰다. "넉넉한 드무처럼 조용히" 살림을 꾸려온 어머니의 심성이 딸의 가슴으로 전해지면서 자신도 모르게 닮아간 것이다. 누름돌과 드무도 문학적 상징을 통하여 작가를 포함한 당대 여성들의 운명을 형상화한다.

여성의 삶은 결혼을 기점으로 양분된다. 어머니의 보호와 영향을 받았던 딸이 결혼 후에는 부부로서 살아간다. 결혼식에서 평생을 서약할지라도 실제 살아가는 모습은 다양하다. 사랑하지만 무심한 부부도 적지 않다. 부모가 수박 참외 농사를 하면서 강한 식물을 키우기 위해 접을 붙이는 것을 보아 왔던 작가는 "참외 순이 되어 호박이 될 만한 남자를 만났다"는 비유처럼 행복한 삶을 꿈꾸었지만, 실망과 좌절의 3년을 견뎌낸 끝에 "나의 접붙이기는 실패"이므로 "내 손으로 호박 뿌리를 뽑을 결심"으로 헤어진다. 그리고 누름돌과 드무에 이어 '두불 참외'라는 은유에 의탁하여 새 생애를 시작하였다.

죽어가는 참외 골 위에 아버지는 비료를 다시 뿌렸다. 며칠이 지나면 모근이 된 호박의 뿌리 쪽에서 참외의 새순이 다시 돋아났다. 호박 뿌리의 놀라운 힘을 빌려 참외가 부활한 것이다. 그렇게 살아난 참외를 '두불 참외'라 불렀다. 접붙인 호박의 강인한 생명력이 참외의 명줄을 이어 놓은 것이다. 참외의 두 번째 생이 열렸다.
―「접接」에서

두 번째 인생의 출발이 「빨랫줄과 수평계」라는 작품을 쓰게 한다. 빨랫줄이 행복한 살림과 가족애를 바라는 여성의 꿈을 반영한다면 수평계는 가전제품 기사인 남편의 기질을 대변한다. 작가는 아주심기 같은 인생이 열리리라 기대하였지만, 빨래를 걸면 줄이 늘어져 수평계가 필요 없듯이 30여 년이 지나서는 "수평관계가 있는 듯 없는 듯한 부부관계"가 되어버렸다고 실토한다.

그렇지만 조인혜는 자신의 힘으로 가정이라는 접을 붙이고 누름돌을 삶에 얹어 땅심을 다진다. 자신의 힘으로 울타리를 세우고 가족을 지키려는 모성을 실천하는 여성이 된 것이다. 수리공을 불러 빨래 건조대를 고치고 사랑초 화분도 들여놓고 "내가 집안의 수평을 맞추어야 한다"는 마음을 다진다. 이것은 실질적인 가장이 되어 가정을 지킨다는 뜻이다. 그럼으로써 자신에 대해서는 독립심을, 가족에 대해서는 애정을 아끼지 않는 생의 서사를 풀어낸 작품집을 엮어낼 수 있었다.

2. 가족의 전설을 담은 사물들

조인혜의 인생에 기반이 된 것은 부모의 각별한 세상살이와 할머니가 그녀를 키운 애정이다. 이 혈연의 보살핌을 받은 작가는 자신의 가정을 일으키고 받은 사랑을 고스란히 자식에게 베푸는 어머니가 된다. 세월이 흘러 삶의 서사를 엮을 때, 지난 모든 상념은 반추(反芻)의 가족사로 엮이고 풀려진다. 어찌보면 가족사란 부모와 형제와 자식을 위해 자신을 단단하게 추스르는 것이다. 이것을 작가는 "아주심기"라는 농사법으로 은유한다.

    모종을 심을 때도 작물마다 잘 자라는 조건이 있다. 양파 모종은 너무 얕게 심으면 뿌리가 땅 위로 올라와 안 되고, 너무 깊게 심으면 계란 모양, 감자 모양의 길쭉한 기형 양파가 된다. 양파는 특별하게 아주심기를 해야 잘 자란다. '아주심기'란 양파가 뿌리를 잘 내릴 수 있도록 파종한 곳에서 다시 한번 다른 곳으로 이식(移植)하는 것을 말한다. 더 이상 옮겨 심지 않고 완전하게 심는다는 뜻이다. 그렇게 심은 양파는 빨리 자리를 잡고 잘 자라 더 달고 맛나다고 한다. 활착을 최대한 도우려는 정식 방법이다.
                                               —「아주심기」에서

    아주심기는 생명은 뿌리에서 시작한다는 원리를 바탕으로 한다. 줄기가 시들고 한동안 비가 내리지 않더라도 뿌리가 살아 있으면 다시 살아난다. 사람도 시련과 역경에 부딪칠지라도 자신이 누구이며 자신을 지키려는 뿌리를 잊지 않으면 희망을 가질 수 있다. 이것이 조인혜에게 부모가 보여주었고 그녀의 자식들이 갖기를 원하는 인생관이다. 그러므로 조인혜는 가족에 대한 각별한 애정을 수필이라는 뿌리로 내려 마음과 문학을 합치는 결속을 가시화한다.
    조인혜는 부모를 위해서라면 몸을 사리지 않았다. 어느 여름날

밤, 부모와 함께 참외밭으로 가서 탕국을 뿌려 땅에게 감사 의식을 올린다. 「꼬시레」는 엄숙하면서 달콤했던 한여름 밤의 기억으로서 "우리 집 참외를 먹는 사람은 아무도 배탈 나지 않게 해주소서"라고 기원하는 아버지의 진심은 이후 작가가 살아가는데 큰 용기를 준다. 아버지에 대한 또 다른 회상은 「봇도감」에서 살필 수 있다. 평소 동네 사람들의 신뢰를 잃지 않았던 아버지는 농촌에서 가장 중요한 물길을 관리하는 봇도감 직책을 맡는다.

> 봇도감이 반듯하게 처신하여야 마을의 벼도 꼿꼿하게 자랄 수 있다. 만일 내 욕심을 채운다거나 한쪽으로 치우치면 마을에 화근을 만든다. 이집 저집 논으로 물이 자란자란 흘러 들어가야 마을이 평화롭고 가을 풍년도 가져온다. 아버지는 어떤 외압에도 흔들리지 않고 중심이 굳건했다. 봇도감 아버지의 나볏한 자세는 자라는 모와 다름없었다.
> ―「봇도감」에서

봇도감의 반듯한 판단이 한해의 마을 풍년을 기약한다. 여기서 작가는 "일어선다는 것은 세운다"라는 인생 교훈을 배우고, 넘어질 때도 낙법을 알고 있으면 바르게 설 수 있음을 알게 된다, 아버지에게서 자전거 타는 법을 배울 때도 넘어지지 않는 것이 아니라 넘어지더라도 곧 일어서는 것이 중요하다는 원리도 체득한다. 「죽추」는 어머니 생전에 사드린 옷으로 각별했던 모녀 관계를 담아낸 상징성이 돋보이는 작품이다. 세상 만물은 모두 본연의 색을 지닌다. 작가가 기억하는 어머니는 칠 남매를 키우느라 "하룻밤 사이에도 훌쩍 자라는 죽순에게 자양분을 아낌없이 줘버린 대나무"다. 그 애달픔을 보상하듯 작가는 어머니에게 어울리는 옷을 발견하면 망설이지 않고 사드리곤 했다. 그 옷을 생전의 어머니가 소중히 간직한 것을 알지만 유품으로 태워야 한다는 심정을 대나무 색깔로 표현한다.

「모젓」은 명절을 맞아 어머니가 담았던 모젓 김치를 그리워하는 형제들의 모습을 담았다. 모젓 김치가 먹고 싶다는 큰오빠의 혼잣말을 들은 작가는 엄마의 솜씨를 재현하여 형제들을 즐겁게 하고 "너는 해마다 이 김치만 준비해라"며 막내가 큰일을 했다는 칭찬을 듬뿍 듣는다. 부모와 형제라는 핏줄이 맛의 동질성이라는 뿌리를 공유한다는 점을 찾아낸 모티프가 돋보인다.

죽은 부모와 형제에 대한 그리움도 가족이라는 힘을 강화시킨다. 사별의 슬픔조차 정(情)이라는 뿌리를 내린다는 작품으로 「오월, 작약 꽃잎 떨어지다」와 「오동나무 다탁」을 들 수 있다. 전자는 경찰 공무원이었던 둘째 오빠가 대장암으로 세상을 떠나는 담담한 임종과 자식을 고치려는 어머니의 집념과 형제를 떠나보내는 남은 형제들의 뜨거운 아픔으로 이루어진다. "덤 인생 축하 파티에 꼭 참석해 주십시오. 인생 두 달 파티는 못 할 수도 있습니다"라는 오빠의 초청 문구는 오월 작약꽃처럼 향기롭고 봄날의 새순처럼 싱그러워 그의 초탈함을 생생하게 전해준다. 인기 만점이었던 오빠를 위해 7남매가 모인 축하 파티가 있어 오월의 작약은 담담하게 생을 정리한 오빠로 인격화되어 아버지의 참외와 어머니의 모젓과 더불어 가족의 애환을 펼치는 달력의 한 면으로 남겨진다.

오동나무도 혼인이 아니라 죽음의 의식(儀式)으로 그려진다. 외증조할아버지가 딸을 보고 우물가 양지바른 곳에 심었던 오동나무는 혼수 농으로 쓰이지 못하고 관으로 쓰일 뻔 했지만 다탁이 되었다는 사연이다. 할머니는 나무를 베어 만든 널빤지를 머슴과 열 살 소녀인 조인혜를 시켜 리어카에 싣고 집으로 온다. 혼수 농을 받지 못하였지만, '일부종사 백년해로'를 믿는 할머니는 자신이 누울 관을 만들려 한 것이다. 그러므로 30리 길을 운반할 때 작가는 나무 향기에 흠뻑 취하고, 헛간에 버려진 듯한 널빤지에서 할머니의 품 같은 따스함을 느낀다. 작가가 「오동나무 다탁 茶卓」에서 회상하듯이 할머니의 삶이 켜켜이 새겨진 다탁에서 "탁자에 앉아 애달픈 추억을 찻잔에 담아 마신다"고 말한다.

조인혜는 가족이 연을 맺고 살아온 내용으로 서사적 맥락을 세운다. 작품 곳곳에 아픔과 서러움이 숨은 듯 깃들어, 오히려 더 깊고 더 웅숭한 여성 담론을 펼치게 한다. 식물의 "아주심기"처럼 과거가 현재로, 삶이 작품 속으로 옮겨와 추억의 스토리를 탄탄하게 다지고 있다.

3. 직업과 봉사의 변주

사람은 매일 말을 하고 행동하며 살아간다. 그것이 쌓여 인생이 되고 인격을 이룬다. 사람은 말을 할 때도 상대방에게 진실의 언어로 전달되기를 원하고, 행동에 따른 대가가 있기를 기대한다. 그렇지 않은 것은 허언(虛言)이고 허사(虛事)로서 대가가 없으면 이내 실망해버린다. 하지만 작가는 그런 인심과 달리 진정한 봉사는 봉사하는 것 자체라고 믿는다.

조인혜는 실의와 좌절이 인생에 무익하다고만 생각하지 않는다. 인동초 같은 인내심으로 '이 또한 지나가리라'라는 낙관적인 심경으로 매번 일어섰다. 그런 사람에게는 새옹지마 같은 보람이 극적인 드라마로 펼쳐진다.

조인혜가 거쳐 온 인생을 설명할 때 "헛"이라는 언어를 뺄 수 없다. 언어는 항상 관계 속에서 이루어지는 만큼 같은 단어도 사람과 상황에 따라서 의미가 변하는 게 적잖다. 대부분 사람은 헛을 헛발질처럼 소득이 없는 무의미한 것으로 해석하지만, 반대로 헛구역질이 생명의 잉태를 암시하고 헛간처럼 필요한 도구를 보관하는 소중한 장소를 나타내기도 한다.

작가는 결혼 초부터 어린이집을 운영하면서 20여 년간 봉사활동을 하였다. 대개 봉사는 손해 보는 헛일로 여기기 쉽지만, 조인혜는 대가의 유무를 떠나 진실한 베풂을 오래도록 지켜왔다. 그리고 취업 인터뷰에서 그것을 인정받아 유능한 전공자들조차 들어가기 힘든 전문직에 취업하였다.

여러 번 망설이다가 이력서 끝에 봉사활동 기록을 넣었다. 면접관의 관심이 내게 집중되었다. "이렇게 오래 봉사활동을 하다니 선생님은 물어볼 것도 없습니다" 그동안의 헛수고가 찐 수고로 바뀌는 순간이었다. 한 줄의 '헛수고' 기록이 면접관에겐 '헛방'이 아니라 '진짜 이력'으로 인정받아 취업을 가능하게 했다. 그렇게 들어간 직장에서 퇴직 나이가 지난 지금까지 근무하고 있다. 세상 어디에도 헛수고는 없다. 헛수고 그것도 수고다.
―「헛」에서

그녀에게 '헛'은 허사가 아니라 '찐'한 행동이다. 무의미에서 유의미로의 변증법적인 반전이야말로 조인혜의 지나온 발자국을 보여주는 섭리라 하겠다.

"참 헛"이 조인혜가 삶을 일구어가는 표준어이므로 그녀가 실행한 구체적인 봉사활동이 여러 작품에서 실증적으로 나타난다. 먼저 「무재칠시無財七施」에서는 봉사란 여가 활용이 아니라 상대방의 부족한 부분을 채워주는 종교적 자비심이라고 작가는 말한다. 20년째 생명의 전화 봉사를 하면서 타인을 위한 일생이 행복이 된다는 인과도 절감한다. 그 신심에 오히려 자신이 위로받고 치유 받는 삶이 된다는 것이다.

어린이집을 운영하였고 현재 봉사활동을 하면서 병원에 근무하는 만큼 갖가지 일화를 겪기 마련이다. 그녀가 만나는 대부분의 사람은 정신적 육체적으로 간절한 도움을 원하는 만큼 언행은 상대방에게 큰 영향력을 미친다. 어린이집을 운영할 당시 조선족 여인의 사생아를 보살펴주기 위하여 알려준 집 전화를 취소하는 아픔을 그려낸 「304-2996」는 그녀가 사람과의 인연을 얼마나 소중히 여기는가를 알려준다.

30년 전 병리사로 근무 중 장애인 아버지가 아이를 입양하려고 부탁했을 때 부양인이 되도록 건강 검진 결과지를 수정하고 몇 년이 지나 입양한 딸이 부모의 혈액형과 달라 바꾸어주었다는 내력을 밝힌 「하얀 거짓말」은 남의 행복을 위해 겪은 고뇌와 용감한 선택을 함께 보여준다. 누구든 그 상황에서는 인간적 고민을 하겠지만 인간적 진실을 향한 용기를 가진 자는 드물다. 그런 점에서 봉사의 진정한 의미를 생각하도록 해준다.

봉사가 체화되면 주변 사람들의 사소한 부탁에도 귀를 기울인다. 조인혜가 행하는 봉사는 병원에서든 일상에서든 다르지 않다. 「소리 풍경」은 출근길 횡단보도에서 이어폰으로 개구리 소리를 듣고 있을 때 옆을 지나가던 40대 여인이 함께 듣고 싶어 한다는 내용이다. 시신경을 상실해가는 그녀는 작은 소리에 민감하게 반응하는 감각이 생겼고 고향 소리가 그리워 함께 듣고 싶다고 부탁한다는 것이다. 개구리 소리는 실상사 해우소에 들렀을 때 "소리 풍경"이라는 의자에 앉아 산사 소리를 듣고 산 CD 음악이다. 이 장면은 그녀의 봉사는 일반 사람과 달리 신심에 기반을 두고 있다는 진정성을 돋보여준다.

　조인혜의 인성이라고 할 봉사심과 희생심의 출발은 어디인가. 그것은 자신의 딸이 미숙아로 태어난 시점이다. 염려했던 바와 달리 어린이집을 운영하던 당시 미숙아였던 아이는 학교 가방을 들지 못할 형편이었으나 스스로 살아가는 요령을 익혀 학교와 사회에 적응해 나간다. 「가방이 걷는다」는 가방의 크기에 가려 아이의 몸이 보이지 않았다는 안쓰러운 모습을 담아낸 제목이다. 마침내 당차게 학교를 졸업하고 본인의 희망대로 간호대학에 입학하게 되었음을 알려 또 한 번 섭리의 정당함을 강조한다.

　아이는 보이지 않고 가방만 움직이던 초등학생인 녀석이 떠오른다. 가방이 걸어서 학교 가고 가방이 아이를 집으로 데려왔다. 가방이 아이를 키워냈다. 조금 돌아가고 조금 더디게 가는 삶이라도 잘 담겨 있는 튼실한 가방을 바라본다. 자신의 분수에 맞는 가방을 찾아내고 스스로 선택하고 혼자의 힘으로 나아가는 모습이 대견하다. 어떤 무게가 짓눌러도 당당히 비집고 싹을 틔워 내는 곧은 죽순처럼 자랐으면 좋겠다.
　　　　　　　　　　　　　　　　　　　　　　─「가방이 걷는다」

　그녀의 딸은 어머니가 그랬듯이 자력으로 삶을 개척함으로써 작가에게 인간에 대한 폭넓은 동정을 이해하도록 도와준 것이다.

조인혜의 집안은 부계보다는 모계에 의하여 뿌리가 이어져 왔다고 볼 수 있다. 할머니가 남편을 저승에서 만나야겠다는 소망으로 자식들에게 오동나무 널빤지로 관을 짜도록 부탁하였고, 어머니는 시어머니의 등쌀에도 불구하고 부덕을 지켜왔다. 작가는 아내와 어머니로서 당차게 자신의 삶을 헤쳐 왔으며 딸도 제 인생이라는 가방을 굳건히 짊겼다. 환경에 순종하기보다 존재성을 정립하기 위한 노력을 아끼지 않는 뿌리 내림을 보여준다. 그뿐만 아니라 후대로 내려올수록 주변 사람들에게 도움을 줄 수 있는 직업관을 실천한다는 점이 조인혜의 여성성을 더욱 돋보이게 한다.

아직도 아주심고

모든 사람은 나름의 길을 가슴에 품고 산다. 인륜이 첫길이라면 자신의 존재성을 구축하는 작가의 길은 삶의 완성을 알려준다. 수필이 생활의 발견이자 존재의 담론임을 말하는 것이다.

조인혜는 김해라는 소도시에서 당찬 아이로 성장하여 사회봉사와 의료 직업을 성실하게 수행하면서 수필가로 활동하는 사회인이 되었다. 가정, 직장, 작가, 봉사라는 1인 4역에서 어느 것도 소홀함이 없는 심덕이 경이롭기조차 하다.

『아주심기』라는 수필집은 유연한 문체와 아귀가 맞는 구성으로 적잖게 힘들었던 삶을 펼쳐 낸 심미적 지형도에 가깝다. 작품마다 갖가지 사연이 들꽃처럼 피어나는 가운데 작가의 넓은 인간애가 푸른 개울물로 흐르는 서사와 서정의 문맥이 독자에게 울림으로 다가선다.
  아주심는 작가의 수필은 살아온 사람들의 행적을 감수성과 인지력을 통해 새롭게 풀어내어 실존적 이야기로 승화되었다. 『아주심기』라는 제목처럼 가슴 아픈 시련에 부딪혔을 때도 흔들리지 않는 희망으로 작품을 짠 작가 의식이 편마다 배어있다. 맑은 웃음 뒤에 숨어 있는 눈물의 의미를 아는 독자라면 생의 뿌리가 무엇을 찾기 위해 내려가는가를 알려주는 조인혜 작가의 담담한 목소리를 들을 수 있다.

아주심기

1판 1쇄 · 2023년 11월 22일

엮은이 · 조인혜
펴낸이 · 서정원
펴낸곳 · 도서출판 전망
주   소 · 부산광역시 중구 해관로 55(중앙동 3가) 우편번호 · 48931
전   화 · 051-466-2006
팩   스 · 051-441-4445
출판 등록 제1992-000005호
ⓒ 조인혜 KOREA
값 15,000원

ISBN 978-89-7973-614-4
w441@chol.com

*저자와의 협의에 의해 인지를 생략합니다.
*이 책 내용의 전부 또는 일부를 재사용하시려면 저작권자와 도서출판 전망 양측의 동의를 받아야 합니다.

*본 도서는 2023년 부산광역시, 부산문화재단 〈부산문화예술지원사업〉으로 지원을 받았습니다.